“十二五”职业教育国家规划立项教材配套用书

会计电算化同步训练

Kuaiji Diansuanhua Tongbu Xunlian

（畅捷通 T3 版）

韩　林　主编

高等教育出版社·北京

内容提要

本书是“十二五”职业教育国家规划立项教材《会计电算化(畅捷通T3版)》(ISBN 978-7-04-047022-2)的配套用书。

本书由基本理论知识训练、单项操作技能训练、综合操作技能训练和全过程操作技能训练四部分组成。其中,第1部分由判断题、单项选择题和多项选择题组成,满足学生掌握会计电算化理论知识的需求;第2部分和第3部分围绕总账、工资、固定资产和财务报表四个系统设计了若干个训练题,强调的是反复训练,提高熟练程度;第4部分以一个完整的小企业会计案例数据资料设计了10个上机训练,并配以相应的操作指导,强调的是职业岗位操作技能训练。

本书配有学习卡,可浏览或下载训练答案、账套数据等教学资源。

本书既可作为中等职业学校会计专业及相关财经类专业“会计电算化”课程的配套用书,也可作为在职财会人员会计电算化岗位培训上机实验指导教材。

图书在版编目(CIP)数据

会计电算化同步训练 : 畅捷通T3版 / 韩林主编. --北京 : 高等教育出版社, 2017.7(2020.9重印)
ISBN 978-7-04-047908-9

Ⅰ. ①会… Ⅱ. ①韩… Ⅲ. ①会计电算化-中等专业学校-教学参考资料 Ⅳ. ①F232

中国版本图书馆CIP数据核字(2017)第135242号

策划编辑 陈伟清　责任编辑 陈伟清　封面设计 张 志　版式设计 马敬茹
责任校对 陈旭颖　责任印制 刘思涵

出版发行 高等教育出版社
社　　址 北京市西城区德外大街4号
邮政编码 100120
印　　刷 山东临沂新华印刷物流集团有限责任公司
开　　本 787 mm×1092 mm 1/16
印　　张 8.75
字　　数 190千字
购书热线 010-58581118
咨询电话 400-810-0598
网　　址 http://www.hep.edu.cn
　　　　 http://www.hep.com.cn
网上订购 http://www.hepmall.com.cn
　　　　 http://www.hepmall.com
　　　　 http://www.hepmall.cn
版　　次 2017年7月第1版
印　　次 2020年9月第6次印刷
定　　价 19.20元

物 料 号 47908-00

前　言

为了帮助学生更好地学习会计电算化基础知识和掌握财务软件应用技能,我们编写了这本同步训练,并与《会计电算化(畅捷通T3版)》(ISBN 978-7-04-047022-2)配套使用。

本书由基本理论知识训练、单项操作技能训练、综合操作技能训练和全过程操作技能训练四部分组成。其中,基本理论知识训练与主教材内容框架保持一致,由判断题、单项选择题和多项选择题组成,重难点突出,题量适中,可以满足学生掌握会计电算化理论知识的需求;单项操作技能和综合操作技能的训练题是参照财务软件应用工程师认证考试大纲样卷改编而成的,学生可在其中进行同一功能的反复训练,旨在培养学生的"工匠"精神;全过程操作技能中的训练题是由各省市会计电算化技能大赛样卷改编而成,配以相应的操作指导,部分训练还附有可供核对的训练结果数据,强调的是职业岗位操作技能训练,特别适合学有余力的学生进行课后训练,旨在进一步提高学生的会计电算化操作技能和会计电算化理论水平。

本书配有学习卡,可浏览或下载训练答案、账套数据等资源,方便教师和学生对照使用。

本书由武汉市财政学校韩林任主编,黄亚琴任副主编。参与编写的人员分工为:武汉市财政学校韩林、马雪莹负责第1部分的编写;重庆市荣昌区职业教育中心郭宗荣负责第2部分的编写;武汉市财政学校吕庆负责第3部分的编写;黄亚琴负责第4部分的编写。韩林负责全书的统稿工作,黄亚琴负责训练数据的录入和检测工作。

畅捷通信息技术股份有限公司为本书的编写提供了教学软件,在此表示衷心的感谢。

由于编写时间仓促,编者水平有限,书中疏漏之处在所难免,敬请广大读者批评指正。值得注意的是:国家税收政策时有变化,各学校应根据实际教学安排,结合当前税收政策,适当调整业务数据。读者意见反馈信箱:zz_dzyj@pub.hep.cn。

编　者

2017年4月

本书配套的数字化资源获取与使用

Abook 教学资源

本书配套习题参考答案和账套数据，请登录高等教育出版社 Abook 网站 http://abook.hep.com.cn/sve 获取。详细使用方法见本书“郑重声明”页。

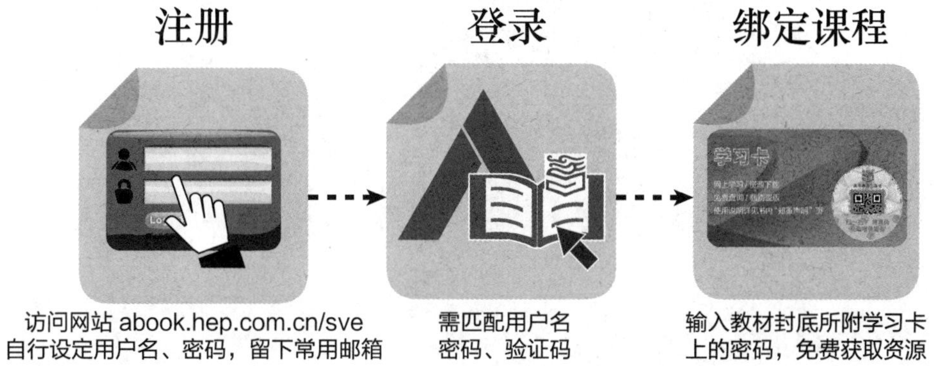

扫码下载 APP

在线开放课程（MOOC）

本书配套在线开放课程“会计电算化”，可通过计算机端或手机 APP 端进行视频学习、测验考试、互动讨论。

- 计算机端学习方法：访问地址 http://www.icourses.cn/vemooc，或百度搜索“爱课程”，进入“爱课程”网“中国职教 MOOC”频道，在搜索栏内搜索课程“会计电算化”。
- 手机端学习方法：扫描下方二维码或在手机应用商店中搜索“中国大学 MOOC”，安装 APP 后，搜索课程“会计电算化”。

扫码下载 APP

目　　录

第 1 部分　基本理论知识训练

本部分是与主教材相配套的会计电算化基本理论知识训练题，内容框架与主教材保持一致，题型及其出题方式则与各类“会计电算化”课程无纸化考试保持一致，包括判断题、单项选择题和多项选择题，既能满足学生掌握会计电算化理论知识的需要，又能满足学生参加各类“会计电算化”课程考试的需要。

训练 1.1　会计电算化概述

一、判断题（在题目前面的括号中，正确打"√"，错误打"×"。后面答法同此）

（　　）1. 狭义的会计电算化是指以计算机为主体的当代电子信息技术在会计工作中的应用。

（　　）2. 数据是一种经过加工处理后有用的信息。

（　　）3. 会计信息系统是企业管理信息系统中的一个重要的子系统。

（　　）4. 会计软件是指专门用于会计核算工作的计算机应用软件。

（　　）5. ERP 软件中用于处理会计核算数据部分的模块是独立的模块，不属于会计核算软件范畴。

（　　）6. EPR 系统是一种主要面向制造行业进行物质资源、人力资源、财务资源和信息资源集成一体化管理的企业管理软件系统。

（　　）7. XBRL 是一种基于可扩展标记语言的封闭性业务报告技术标准。

（　　）8. 会计信息系统按其受信息技术的影响程度大小，可划分为手工会计信息系统、传统自动化会计信息系统和现代会计信息系统。

（　　）9. 凡是具备相对独立完成会计数据录入、处理和输出功能模块的软件，如账务处理、固定资产核算、工资核算软件等，均可视为会计核算软件。

（　　）10. 人机结合不是会计电算化的特征，会计核算自动化、集中化才是会计电算化的特征。

（　　）11. 购买与开发相结合包括企业自行开发、委托外部单位开发、企业与外部单位联合开发三种具体开发方式。

（　　）12. 企业与外部单位联合开发的会计软件，当开发完成后，若要对系统做重大修改，应由外部单位负责，而日常维护工作则由本企业财务部门负责。

（　　）13. 账务处理模块是会计软件的基础与核心。

（　　）14. 成本管理模块提供的功能主要有成本核算、成本分析、成本预测等。

（　　）15. 会计软件是由各功能模块组成的有机整体，为实现相应功能，相关模块之间应相互依赖，互通数据。

二、单项选择题（在备选答案中只有一个正确答案，将正确答案前面的英文字母填在括号内。后面答法同此）

1.（　　）是指企业利用计算机、网络通信等现代信息技术手段开展会计核算，以及利用上述技术手段将会计核算与其他经营管理活动有机结合的过程。

A. 狭义的会计电算化　　B. 广义的会计电算化

C. 会计信息化　　D. 会计软件

2. 相对于（　　）而言，会计信息化是一次质的飞跃。

A. 会计电算化　　B. 会计网络化

C. 手工会计　　D. 会计软件

3. ERP 是指（　　）。

A. 敏捷制造　　B. 供应链管理
C. 客户关系管理　　D. 企业资源计划

4.(　　)是指专门用于会计核算、财务管理的计算机软件、软件系统或者其功能模块,包括一组指挥计算机进行会计核算与管理工作的程序、存储数据以及有关资料。

A. 会计电算化　　B. 会计信息化
C. 会计软件　　D. 会计网络

5.(　　)是由一组完成信息收集、处理、储存和传播的相互关联的部件组成,用来在组织中支持事务处理、分析、控制与决策的系统。

A. 会计电算化系统　　B. 会计系统
C. 信息系统　　D. 计算机系统

6.(　　)是指反映已经发生的经济活动的信息,如凭证、账簿所反映的内容。

A. 会计信息　　B. 财务信息
C. 管理信息　　D. 决策信息

7.(　　)是指利用信息技术对会计数据进行采集、存储和处理,完成会计核算任务,并提供会计管理、分析与决策相关会计信息的系统。

A. 会计信息系统　　B. ERP 系统
C. 会计办公系统　　D. 企业管理信息系统

8. ERP 的核心思想是(　　)管理。

A. 生产链　　B. 供应链
C. 财务链　　D. 信息链

9.(　　)译为“可扩展商业报告语言”。

A. AIS　　B. ERP　　C. MRP Ⅱ　　D. XBRL

10.(　　)是指软件公司为会计工作而专门设计开发,并以产品形式投入市场的应用软件。

A. 专用会计软件　　B. 私用会计软件
C. 盗用会计软件　　D. 通用会计软件

11. 账务处理模块是以(　　)为数据处理起点。

A. 会计科目　　B. 凭证
C. 账簿　　D. 报表

12.(　　)模块是以凭证为数据处理起点,通过凭证录入和处理,完成记账、银行对账、结账、账簿查询及打印输出等工作。

A. 账务处理　　B. 固定资产管理
C. 工资管理　　D. 应收、应付管理

13.(　　)模块主要是以固定资产卡片和固定资产明细账为基础,实现固定资产的会计核算、折旧计提和分配、设备管理等功能。

A. 账务处理　　B. 固定资产管理
C. 工资管理　　D. 应收、应付管理

14.(　　)模块是进行工资核算和管理的模块。

A. 账务处理　　B. 成本管理

C. 工资管理　　D. 应收、应付管理

15. (　　)模块主要提供成本核算、成本分析、成本预测功能，以满足会计核算的事前预测、事后核算分析的需要。

A. 报表管理　　B. 成本管理

C. 财务分析　　D. 应收、应付管理

16. (　　)模块具有与采购管理、销售管理、账务处理等模块进行数据传递的功能。

A. 预算管理　　B. 财务分析

C. 成本管理　　D. 应收、应付管理

17. (　　)模块可以根据会计核算的数据，生成各种内部报表、外部报表、汇总报表，并根据报表数据分析报表，以及生成各种分析图等。

A. 报表管理　　B. 成本管理

C. 财务分析　　D. 预算管理

18. (　　)模块将核算完成的数据，按照需要分别传递到成本管理模块、应付管理模块和账务处理模块。

A. 财务分析　　B. 存货核算

C. 预算管理　　D. 固定资产管理

19. (　　)模块可以实现根据实际数据和预算数据自动进行预算执行差异分析和预算执行进度分析等。

A. 财务分析　　B. 预算管理

C. 项目管理　　D. 报表管理

20. (　　)模块主要是对企业的项目进行核算、控制与管理。

A. 预算管理　　B. 财务分析

C. 项目管理　　D. 成本管理

21. (　　)模块可以按照领导的要求从各模块中提取有用的信息并加以处理，以最直观的表格和图形显示，使得管理人员通过该模块及时掌握企业信息。

A. 财务分析　　B. 领导查询

C. 决策支持　　D. 项目管理

22. (　　)模块利用现代计算机、通信技术和决策分析方法，通过建立数据库和决策模型，向企业决策者提供及时、可靠的财务和业务决策辅助信息。

A. 财务分析　　B. 领导查询

C. 决策支持　　D. 项目管理

三、多项选择题(在备选答案中有两个及两个以上正确答案，将正确答案前面的英文字母填在括号内。后面答法同此)

1. 会计信息化是指企业利用(　　　)等现代信息技术手段开展会计核算，以及利用上述技术手段将会计核算与其他经营管理活动有机结合的过程。

A. 计算机　　B. 人工智能

C. 机器人　　D. 网络通信

2. 会计电算化的作用主要是(　　　)。

A. 提高经营管理水平　　B. 提高会计数据处理的时效性
C. 减少会计工作内容　　D. 推动会计理论创新

3. ERP 体现了(　　)的思想。

A. 对整个供应链资源进行管理　　B. 事先计划与事中控制
C. 精益生产、同步工程和敏捷制造　　D. 有效管理

4. 系统的特点包括(　　)。

A. 独立性和目的性　　B. 层次性和联系性
C. 运动性和适用性　　D. 不稳定性和可变性

5. 会计信息系统是指利用信息技术对会计数据进行采集、存储和处理,完成会计核算任务,并提供与(　　)相关的会计信息的系统。

A. 会计核算　　B. 会计管理
C. 会计分析　　D. 会计决策

6. ERP 能实现对企业的(　　)等资源进行一体化管理。

A. 物资资源　　B. 人力资源
C. 财务资源　　D. 信息资源

7. 2010 年 10 月 19 日,国家标准化管理委员会和财政部颁布了(　　)。

A. 可扩展商业报告语言(XBRL)技术规范系列国家标准
B. 企业会计准则通用分类标准
C. 关于全面推进我国会计信息化工作的指导意见
D. 基于 XBRL 的上市公司信息披露标准

8. 会计电算化的特征有(　　)。

A. 人机结合　　B. 会计核算自动化和集中化
C. 数据处理及时准确　　D. 内部控制多样化

9. 会计软件包括一组指挥计算机进行会计核算与管理工作的(　　)。

A. 程序代码　　B. 存储数据
C. 有关技术文档　　D. 计算机

10. 企业配备会计软件的方式主要有(　　)等方式。

A. 购买　　B. 定制开发
C. 购买与开发相结合　　D. 盗版破解

11. 购买通用会计软件的优点主要有(　　)。

A. 企业投入少,见效快,实现信息化的过程简单
B. 软件性能稳定,质量可靠,运行效率高,能够满足企业的大部分需求
C. 软件的维护和升级由软件公司负责
D. 软件安全保密性强,用户只能执行软件功能,不能访问和修改源程序

12. 自行开发会计软件的优点主要有(　　)。

A. 企业能够在充分考虑自身生产经营特点和管理要求的基础上,设计最有针对性和适用性的会计软件
B. 由于企业内部员工对系统充分了解,当会计软件出现问题或需要改进时,企业能够

及时高效地纠错和调整，保证系统使用的流畅性

C. 系统开发要求高、周期长、成本高，系统开发完成后，还需要较长时间的试运行

D. 自行开发软件系统需要大量的计算机专业人才，普通企业难以维持一支稳定的高素质软件人才队伍

13. 企业与外部单位联合开发的优点主要有(　　　)。

A. 软件开发工作需要外部技术人员与内部技术人员、会计人员充分沟通，系统开发的周期较长

B. 开发工作既考虑了企业的自身需求，又利用了外部单位的软件开发力量，开发的系统质量较高

C. 企业内部人员参与开发，对系统的结构和流程较熟悉，有利于企业日后进行系统维护和升级

D. 企业支付给外单位的开发费用相对较高

14. 属于会计软件功能模块的有(　　　)。

A. 账务处理模块　　B. 固定资产管理模块

C. 工资管理模块　　D. 预算管理模块

15. 账务处理模块通过凭证录入和处理，完成(　　　)等工作。

A. 记账　　B. 银行对账

C. 结账　　D. 账簿查询及打印输出

16. (　　　)等模块具有数据传递的功能。

A. 账务处理　　B. 工资管理

C. 固定资产管理　　D. 存货核算

17. 报表管理模块与其他模块相连，可以根据会计核算的数据，生成各种(　　　)。

A. 内部报表　　B. 外部报表

C. 汇总报表　　D. 数据分析报表及其分析图

18. 财务分析模块从会计软件的数据库中提取数据，运用各种专门的分析方法，完成对企业财务活动的分析，实现对财务数据的进一步加工，生成分析和评价企业(　　　)的各种信息，为决策提供正确依据。

A. 财务状况　　B. 经营成果

C. 现金流量　　D. 人员状况

19. 预算管理模块将需要进行预算管理的集团公司、子公司、分支机构、部门、产品、费用要素等对象，根据实际需要分别定义为(　　　)等不同类型的责任中心。

A. 领导中心　　B. 利润中心

C. 成本中心　　D. 投资中心

训练 1.2　会计软件运行环境

一、判断题

(　　)1. 会计软件应当保障企业按照国家统一会计准则开展会计核算，不得有违背国家

统一会计准则的功能设计。

(　　)2. 会计软件中可以只提供外国或少数民族文字界面。

(　　)3. 会计软件只需提供符合企业内部制度的会计科目分类和编码功能。

(　　)4. 会计软件可以提供对已记账凭证的删除和插入功能。

(　　)5. 会计软件可以提供反记账功能。

(　　)6. 鼓励软件供应商在会计软件中集成可扩展商业报告语言(XBRL)功能,便于企业生成符合国家统一标准的 XBRL 财务报告。

(　　)7. 会计软件应当具有符合国家统一标准的数据接口,满足内部会计监督需要。

(　　)8. 以远程访问、云计算等方式提供会计软件的供应商,应当在技术上保证客户会计资料的安全、完整。

(　　)9. 企业应当充分重视会计信息化工作,加强组织领导和人才培养,不断推进会计信息化在本企业的应用。

(　　)10. 企业开展会计信息化工作,应当高标准确定建设内容。

(　　)11. 大型企业、企业集团开展会计信息化工作,应当实现各系统的有机整合,消除信息孤岛。

(　　)12. 企业应当安排负责会计信息化工作的专门机构或者岗位参与会计信息系统前端系统的建设和改造,充分考虑传统手工管理的数据需求。

(　　)13. 对于信息系统自动生成且具有明晰审核规则的会计凭证,可以将审核规则嵌入会计软件,由人工审核。

(　　)14. 企业会计信息系统数据服务器的部署应当符合国家有关规定。

(　　)15. 企业会计资料中对经济业务事项的描述应当使用英文,可以同时使用外国或者少数民族文字对照。

(　　)16. 企业应当建立电子会计资料还原管理制度,确保会计资料的安全、完整和会计信息系统的持续、稳定运行。

(　　)17. 企业不得在非涉密信息系统中存储、处理和传输涉及国家秘密、关系国家经济信息安全的电子会计资料。

(　　)18. 涉及国家秘密、关系国家经济信息安全的电子会计资料,未经有关主管部门批准,也可以将其携带、寄运或者传输至境外。

(　　)19. 企业内部生成的会计凭证、账簿和辅助性会计资料都必须输出纸面资料。

(　　)20 企业获得的需要外部单位或者个人证明的原始凭证和其他会计资料都必须输出纸面资料。

(　　)21. 企业会计资料的归档管理,遵循国家有关会计档案管理的规定。

(　　)22. 会计信息系统中常见的硬件结构通常有单机结构、多机松散结构、多用户结构和微机局域网络四种形式。

(　　)23. 系统软件包括操作系统、数据库管理系统、支撑软件和语言处理程序。

(　　)24. 在确保计算机操作系统能满足会计软件的运行要求,并将数据库管理软件和支撑软件安装完毕后,技术支持人员方可开始安装会计软件,同时应考虑会计软件与数据库系统的兼容性。

(   ) 25. 计算机网络是以硬件资源、软件资源和信息资源共享以及信息传递为目的，在统一的网络协议控制下，将地理位置分散的许多独立的计算机系统连接在一起所形成的网络。

(   ) 26. 计算机网络的功能主要体现在资源共享、数据通信和分布处理三个方面。

(   ) 27. 按照覆盖的地理范围进行分类，计算机网络可以分为局域网、城域网、广域网和因特网四类。

(   ) 28. 局域网是一种在小区域内使用的，由多台计算机组成的网络，覆盖范围通常局限在 10 千米之内，属于一个单位或部门组建的小范围网。

(   ) 29. 城域网是作用范围在广域网与局域网之间的网络，其网络覆盖范围通常可以延伸到整个城市，借助通信光纤将多个局域网联通公用城市网络形成大型网络，使得不仅局域网内的资源可以共享，而且局域网之间的资源也可以共享。

(   ) 30. 广域网是一种远程网，涉及长距离的通信，覆盖范围可以是一个国家或多个国家，甚至整个世界。

(   ) 31. 计算机病毒是指编制者在计算机程序中插入的破坏计算机功能或数据，影响计算机使用并且能够自我复制的一组错误的计算机指令或程序代码。

(   ) 32. 按计算机病毒的破坏能力分类，计算机病毒可分为良性病毒和恶性病毒。

(   ) 33. 按计算机病毒存在的方式分，可分为引导型病毒、文件型病毒和网络病毒。

(   ) 34. 计算机黑客是指通过计算机网络非法进入他人系统的计算机入侵者。

(   ) 35. 黑客通常采用的攻击方式有字典攻击、假登录程序、密码探测程序等，主要目的是获取系统或用户的口令文件。

二、单项选择题

1. 企业会计资料中对经济业务事项的描述应当使用(   )，可以同时使用外国或者少数民族文字对照。

A. 中文　　B. 外国文字
C. 少数民族文字　　D. 符号

2. 企业使用会计软件不符合(   )要求的，由财政部门责令限期改正。

A. 会计基础工作规范　　B. 会计档案管理规定
C. 会计法　　D. 企业会计信息化工作规范

3. 计算机的硬件主要包括中央处理器、存储器、输出设备和(   )。

A. 键盘　　B. 鼠标
C. 显示器　　D. 输入设备

4. 硬件设备一般包括(   )。

A. 输入设备、控制设备、存储设备、输出设备和通信设备
B. 输入设备、处理设备、存储设备、输出设备和通信设备
C. 输入设备、处理设备、控制设备、输出设备和通信设备
D. 输入设备、处理设备、存储设备、控制设备和通信设备

5. 组成 CPU 的主要部件是(   )。

A. 运算器和控制器　　B. 运算器和存储器
C. 控制器和寄存器　　D. 运算器和寄存器

6. 关于计算机病毒的叙述,正确的是(　　)。

A. 所有计算机病毒只在文件中传染

B. 计算机病毒可通过读写移动硬盘或因特网进行传播

C. 只要把带毒优盘设置成只读状态,那么此盘上的病毒就不会因读盘而传染给另一台计算机

D. 清除病毒的最简单的方法是删除已感染病毒的文件

7. 属于应用软件的是(　　)。

A. 操作系统　　B. 数据库管理系统

C. 程序设计语言处理系统　　D. 学生管理信息系统

8. 计算机网络是计算机技术和(　　)。

A. 自动化技术的结合　　B. 通信技术的结合

C. 电缆等传输技术的结合　　D. 信息技术的结合

9. 会计信息系统中常见的硬件结构通常有(　　)四种形式。

A. 单机结构、单用户结构、多用户结构和微机局域网络

B. 单机结构、多机松散结构、单用户结构和微机局域网络

C. 单机结构、多机松散结构、多用户结构和单用户结构

D. 单机结构、多机松散结构、多用户结构和微机局域网络

10. 计算机网络的功能主要体现在(　　)三个方面。

A. 资源共享、数据通信和网络处理

B. 资源共享、数据通信和分布处理

C. 资源独立、数据通信和网络处理

D. 资源独立、数据通信和发布处理

11. 按照覆盖的地理范围进行分类,计算机网络可以分为(　　)三类。

A. 因特网、城域网和广域网　　B. 局域网、城域网和因特网

C. 局域网、城域网和广域网　　D. 局域网、因特网和广域网

12. 关于局域网的描述,错误的是(　　)。

A. 局域网是一种在小区域内使用的,由多台计算机组成的网络

B. 局域网覆盖范围通常局限在 10 千米之内

C. 局域网覆盖范围通常可以延伸到整个城市

D. 局域网属于一个单位或部门组建的小范围网

13. 关于广域网的描述,错误的是(　　)。

A. 广域网是一种远程网

B. 广域网覆盖范围可以是一个国家或多个国家,甚至整个世界

C. 广域网信息衰减非常少

D. 广域网一般要租用专线

14. 计算机网络的目标是实现(　　)。

A. 数据处理　　B. 文献检索

C. 资源共享和信息传输　　D. 信息传输

15. 组成一个计算机系统的两大部分是(　　)。

A. 系统软件和应用软件　　B. 硬件系统和软件系统

C. 主机和外部设备　　D. 主机和输入/出设备

16. 完全属于计算机输出设备的一组设备是(　　)。

A. 喷墨打印机、显示器和键盘　　B. 激光打印机、键盘和鼠标器

C. 键盘、鼠标器和扫描仪　　D. 打印机、绘图仪和显示器

17. 断电后信息将会丢失的存储器是(　　)。

A. ROM　　B. RAM

C. CD-ROM　　D. 硬盘

18. 关于计算机病毒的叙述,错误的是(　　)。

A. 计算机病毒具有潜伏性

B. 计算机病毒具有传染性

C. 感染过计算机病毒的计算机具有对该病毒的免疫性

D. 计算机病毒是一个特殊的寄生程序

19. 关于防范计算机病毒的做法,不正确的是(　　)。

A. 使用正版软件,杜绝购买盗版软件

B. 谨慎下载与接收网络上的文件和电子邮件

C. 经常上网下载软件

D. 在使用外来U盘时应该首先用杀毒软件检查是否有病毒,确认无病毒后再使用

三、多项选择题

1. 会计软件应当提供符合国家统一会计准则的(　　)的显示和打印功能。

A. 会计凭证　　B. 账簿

C. 报表　　D. 原始单据

2. 会计软件不得提供(　　)功能。

A. 不可逆的记账

B. 对已记账凭证的删除和插入

C. 对已记账凭证日期、金额、科目和操作人的修改

D. 符合国家统一会计准则的会计科目分类和编码

3. 会计软件应当提供(　　)功能。

A. 符合国家统一会计准则的会计科目分类和编码

B. 符合国家统一会计准则的会计凭证、账簿和报表的显示和打印

C. 不可逆的记账

D. 会计资料归档

4. 会计软件在会计档案存储格式、元数据采集、真实性与完整性保障方面,符合国家有关(　　)的要求。

A. 电子文件归档　　B. 电子档案管理

C. XBRL财务报告　　D. 会计准则制度

5. 以远程访问、云计算等方式提供会计软件的供应商,应当(　　)。

A. 努力提高会计软件相关服务质量，按照合同约定及时解决用户使用中的故障问题

B. 采用呼叫中心、在线客服等方式为用户提供实时技术支持

C. 在技术上保证客户会计资料的安全、完整

D. 做好本厂商不能维持服务情况下，保障企业电子会计资料安全以及企业会计工作持续进行的预案

6. 大型企业、企业集团开展会计信息化工作，应当注重(　　)，实现各系统的有机整合，消除信息孤岛。

A. 整体规划　　B. 统一技术标准

C. 统一编码规则　　D. 统一系统参数

7. 企业配备会计软件，应当根据自身技术力量以及业务需求，考虑软件(　　)等要求，合理选择购买、定制开发、购买与开发相结合等会计软件配备方式。

A. 功能　　B. 安全性、稳定性

C. 响应速度　　D. 可扩展性

8. 企业通过委托外部单位开发、购买等方式配备会计软件，应当在有关合同中约定(　　)等问题。

A. 操作培训　　B. 软件升级

C. 故障解决　　D. 软件供应商对企业信息安全的责任

9. 企业应当促进(　　)的一体化，通过业务的处理直接驱动会计记账，减少人工操作，提高业务数据与会计数据的一致性，实现企业内部信息资源共享。

A. 会计信息系统　　B. 业务信息系统

C. ERP 系统　　D. 企业管理系统

10. 企业内部生成的会计凭证、账簿和辅助性会计资料，如果同时满足(　　)等条件，可以不输出纸面资料。

A. 所记载的事项属于本企业重复发生的日常业务

B. 由企业信息系统自动生成且可查询和输出

C. 企业对相关数据建立了电子备份制度

D. 企业对相关数据建立了完善的索引体系

11. 企业获得的需要外部单位或者个人证明的原始凭证和其他会计资料，如果同时满足(　　)等条件，可以不输出纸面资料。

A. 会计资料附有可靠的电子签名且电子签名经符合《中华人民共和国电子签名法》规定的第三方认证

B. 所记载的事项属于本企业重复发生的日常业务

C. 可及时在企业信息系统中查询和输出

D. 企业对相关数据建立了电子备份制度及完善的索引体系

12. 硬件设备一般包括(　　)。

A. 输出设备　　B. 存储设备

C. 输入设备　　D. 通信设备(包括网络电缆等)

13. 计算机常见的输出设备有(　　)。

A. 打印机　　B. 显示器

C. 计算机主机　　D. 扫描仪

14. 计算机内存储器 RAM 的特点有(　　)。

A. 一般容量较小　　B. 数据存取速度较快

C. 断电后数据将消失　　D. 断电后数据不会消失

15. 计算机内存储器 ROM 的特点有(　　)。

A. 一般容量较小　　B. 数据存取速度较快

C. 断电后数据将消失　　D. 断电后数据不会消失

16. 会计信息系统中常见的硬件结构通常有(　　)等形式。

A. 多机松散结构　　B. 多用户结构

C. 微机局域网络　　D. 单机结构

17. 计算机网络的功能主要体现在(　　)。

A. 延长距离　　B. 分布处理

C. 数据通信　　D. 资源共享

18. 计算机网络按照覆盖的地理范围进行分类,可以分为(　　)。

A. 广域网　　B. 城域网

C. 因特网　　D. 局域网

19. 属于计算机病毒特点的有(　　)。

A. 寄生性　　B. 传染性

C. 潜伏性　　D. 可触发性

20. 当计算机感染病毒时,系统会表现出的异常症状有(　　)。

A. 系统启动时间比平时长,运行速度减慢

B. 系统经常无故发生死机现象

C. 系统异常重新启动

D. 计算机存储系统的存储容量异常减少,磁盘访问时间比平时长

21. 当计算机感染病毒时,系统会表现出的异常症状有(　　)。

A. 系统不识别硬盘

B. 文件的日期、时间、属性、大小等发生变化

C. 打印机等一些外部设备工作异常

D. 程序或数据丢失或文件损坏

22. 防范计算机病毒的措施主要有(　　)。

A. 经常检查系统内存

B. 在计算机上安装防火墙

C. 计算机系统要专机专用,避免使用其他软件

D. 经常升级杀毒软件

23. 黑客常用的手段有(　　)。

A. 密码破解　　B. IP 嗅探与欺骗

C. 攻击系统漏洞　　D. 端口扫描

24. 防范黑客的措施有(　　　　)。

A. 制定相关法律法规加以约束　　B. 数据加密

C. 身份认证　　D. 建立完善的访问控制策略

训练1.3　系 统 管 理

一、判断题

(　　)1. 系统管理的工作主要包括账套的建立和对账套的维护。

(　　)2. 畅捷通 T3 版软件只允许用户以系统管理员 admin 的身份注册进入系统管理。

(　　)3. 在第一次进入系统前,可由系统管理员代为建立密码,并通知操作员本人,之后也只有系统管理员才能修改密码。

(　　)4. 操作员的编号必须录入且唯一。

(　　)5. 一般来说,可以为企业下属的各个独立核算单位建立一个账套。

(　　)6. 已存账套为了避免重复建账可以录入或修改。

(　　)7. 启用日期应在第一次初始设置时确定,设定后将不能更改。

(　　)8. 账套名称就是核算单位名称,且账套号必须唯一。

(　　)9. 只有系统管理员可以修改其具有权限的年度账套中的信息。

(　　)10. 企业只能在每月月末结账前进行账套备份。

(　　)11. 如果没有发现数据损坏,一般不用进行数据恢复。

(　　)12. 系统启用是指设定在系统中的各个子系统开始使用的日期,只有启用后的子系统才能登录。

(　　)13. 一个账套中只能设一个系统管理员,但账套主管可以为多个。

(　　)14. 系统管理员和账套主管都可进入系统管理而且所具有的权限是相同的。

(　　)15. 系统默认账套主管自动拥有全部权限,无须对账套主管进行增加和删除权限的操作。

(　　)16. 必须事先定义好会计科目的编码级次才能进行会计科目设置。

二、单项选择题

1. (　　)是指将通用会计软件转成专用会计软件、将手工会计业务数据移植到计算机中的一系列准备工作,是使用会计软件的基础。

A. 试运行　　B. 甩账

C. 初始化　　D. 基础设置

2. (　　)负责整个系统的总体控制和维护工作,可以管理该系统中的所有账套。

A. 系统维护员　　B. 账套主管

C. 系统管理员　　D. 系统分析员

3. 只有(　　)才能进行操作员的设置。

A. 单位主管　　B. 会计主管

C. 系统管理员　　D. 系统维护员

4. 选择企业是否有外币核算业务,并确定是否对存货、客户和供应商进行分类管理属于

(　　)。

A. 录入账套信息　　B. 核算类型设置

C. 基础信息设置　　D. 分类编码方案的设置

5. 只有(　　)可以修改其具有权限的年度账套中的信息。

A. 单位主管　　B. 会计主管

C. 账套主管　　D. 系统管理员

6. 删除账套和(　　)的操作基本一样。

A. 建立账套　　B. 输出账套

C. 引入账套　　D. 修改账套

7. (　　)即财务权限设置或操作员权限管理,是指对允许使用会计软件的操作员规定操作权限。

A. 财务分工　　B. 财务分配

C. 财务分级　　D. 财务分开

8. 若以账套主管的身份注册登录,则"操作员权限设置"窗口中会显示(　　)。

A. 账套主管本人　　B. 系统管理员

C. 非账套主管的操作员　　D. 所有操作员

9. 畅捷通 T3 版软件最多允许建立(　　)个账套。

A. 99　　B. 100　　C. 999　　D. 1 000

三、多项选择题

1. 账套的建立主要包括(　　)。

A. 软件的购买　　B. 系统的安装

C. 操作员及其权限的设置　　D. 企业基本信息的建立

2. 畅捷通 T3 版软件允许以(　　)身份注册进入系统管理。

A. 系统操作员　　B. 系统管理员

C. 账套主管　　D. 系统维护员

3. 账套主管负责所管账套的维护工作,主要包括(　　)。

A. 对所管理的账套进行修改

B. 对所选年度内的账套进行管理(包括账套的创建、清空、引入、输出及各子系统的年末结转)

C. 对所管理的账套操作员权限的设置

D. 对所管理的账套进行引入和输出

4. 录入账套信息,即录入用于记录新建账套的基本信息,因此必须录入的项目有(　　)。

A. 已存账套　　B. 账套号

C. 账套名称　　D. 启用会计期

5. 建账时的基础信息设置包括(　　)。

A. 存货是否分类　　B. 客户是否分类

C. 供应商是否分类　　D. 是否有外币核算

6. (　　)通过对系统操作的分工和权限的管理来保证系统的安全与保密。

A. 系统管理员　　B. 系统维护员

C. 系统操作员　　D. 账套主管

7. 财务分工包括(　　)。

A. 给操作员赋权　　B. 确定账套主管

C. 确定系统管理员　　D. 给账套主管赋权

8. 如果以(　　)身份登录,则不能进行指定新的账套主管的操作。

A. 系统管理员　　B. 审核员

C. 账套主管　　D. 出纳员

9. 为了便于进行分级核算、统计和管理,系统可以对基础数据的编码进行分级设置,可分级设置的内容主要包括(　　)。

A. 科目编码级次　　B. 客户、供应商分类编码级次

C. 存货分类编码级次　　D. 结算方式编码级次

训练 1.4　设置系统参数

一、判断题

(　　) 1. 在进行系统初始化之前应首先启动并注册总账系统。

(　　) 2. 总账系统的业务参数设定后一般不能随意更改。

(　　) 3. 选择了资金及往来赤字控制,则在制单时,当现金、银行科目的最新余额出现负数时,系统将予以拒绝执行。

(　　) 4. 在畅捷通 T3 版软件中明确要求:不可修改或作废他人填制的凭证。

(　　) 5. 工资系统参数将决定工资核算的准确性和及时性,设定后一般不能随意更改。

(　　) 6. 选择“代扣个人所得税”后,还需增加工资项目“代扣税”,这样系统才会自动进行代扣税金的计算。

(　　) 7. 选择扣零设置后将自动生成工资项目,但扣零的计算公式还需自定义。

(　　) 8. 工资核算中每个职工都有一个唯一的编码。

(　　) 9. 人员编码定义应结合企业部门设置和人员数量自由定义,总长度不受限制。

(　　) 10. 如果需向总账系统传递凭证,则固定资产系统的启用月份不得在总账系统的启用月份之前。

(　　) 11. 已使用过的固定资产类别不能设置新的下级类别。

(　　) 12. 固定资产系统设定每个月均计提折旧,因此折旧的汇总分配也必须每个月进行。

二、单项选择题

1. 账套名称、单位名称、行业性质、会计主管等账套信息只在总账参数设置里显示,若要修改,可到(　　)中去修改。

A. “设置” | “选项”　　B. 总账工具

C. 系统管理　　D. 系统修改

2. 选择(　　),当使用银行科目制单时,录入了未在支票登记簿中登记的支票号,系统将提供使用支票登记簿的功能。

A. 序时控制　　B. 赤字控制

C. 支票控制　　D. 银行控制

3. 建立工资账套时所设置的部分参数也可以在工资系统的(　　)里设置或更改。

A. “设置”|“参数”　　B. “设置”|“选项”

C. “参数”|“设置”　　D. “选项”|“设置”

4. 当核算单位对所有人员工资实行统一管理,而且人员工资项目、计算公式全部相同时,可选择(　　)个工资类别。

A. 一　　B. 两　　C. 多　　D. 999

5. 当遇到系统不允许修改的内容有错而又必须改正时,只能通过(　　)功能实现。该操作将清空对该子账套所做的一切工作。

A. “设置”|“重新初始化账套”　　B. “设置”|“选项”

C. “工具”|“重新初始化账套”　　D. “工具”|“选项”

6. 固定资产系统的启用日期确定后,在该日期前的所有固定资产都将作为期初数据,在(　　)开始计提折旧。

A. 启用月份之前一个月　　B. 启用月份

C. 启用月份之后一个月　　D. 启用年度年底

三、多项选择题

1. 属于总账系统业务控制参数的有(　　　)。

A. 凭证　　B. 账簿

C. 启用月份　　D. 排序方式

2. 总账系统的业务参数将决定总账系统的(　　　)。

A. 录入控制　　B. 处理方式

C. 数据流向　　D. 输出格式

3. 在固定资产系统初始化向导设置后,还可以在“选项”中补充完整的参数有(　　　)。

A. 主要折旧方法　　B. 本账套业务发生后是否立即制单

C. 月末结账前是否要完成制单登账业务　　D. 缺省入账科目

4. 制单控制包括(　　　)。

A. 制单序时控制　　B. 支票控制

C. 赤字控制　　D. 制单权限控制到科目

5. 属于固定资产业务控制参数的有(　　　)。

A. 凭证　　B. 编码方式

C. 启用月份　　D. 与账务系统接口

训练 1.5　建立基础信息

一、判断题

(　　) 1. 基础信息的设置应在系统控制台的“基础设置”中进行,虽然不可在其他系统中进行相关的设置,但其结果可为它们共享。

(　　) 2. 部门被其他对象引用后就不能被修改和删除。

(　　) 3. 职员被其他对象引用后就不能被修改,但可以被删除。

(　　) 4. 会计电算化中往来的概念并不是指所有往来科目,而是指对往来科目的“往来管理”。

(　　) 5. 在会计电算化中个人往来核算和单位往来核算的处理技术基本相同。

(　　) 6. 客户编号和名称不得为空,但编号必须唯一。

(　　) 7. 可以随时向客户档案中追加新的客户,但对于曾经有往来业务联系的客户却不能删除。

(　　) 8. 只要某客户的所有业务全部经过核销,系统就可以在年末删除该往来客户。

(　　) 9. 供应商编号、名称和简称必须录入,只要名称不同,编号可以与已有的供应商档案重复。

(　　) 10. 供应商档案中的应付余额是供应商应付给本企业的欠款额。

(　　) 11. 客户档案必须在最末级客户分类下增加。

(　　) 12. 为了进行明细核算,所有客户、供应商必须进行分类。

(　　) 13. 会计年中不能删除、不能直接增设下一级明细科目。

(　　) 14. 在建立账套时必须预置标准会计科目。

(　　) 15. 假设科目级长设定为两位,在编码设计时,如果科目在 10 个以下,编码的十位数必须以“0”表示。

(　　) 16. 被封存的科目在制单时不可以使用。

(　　) 17. 科目已有数据,设置辅助核算时会造成总账与辅助账对账不平。

(　　) 18. 如果需要对原有会计科目的某些项目进行修改,如科目编码、科目名称、账页格式、辅助核算、汇总打印、是否封存等,均可以通过“修改”功能来完成。

(　　) 19. 辅助账一经定义并已使用,则不要随意修改,以免造成账簿数据的混乱。

(　　) 20. 如果科目中已录入期初余额或已制单,则不能删除。

二、单项选择题

1. 假设某部门档案编码原则是:分三级,位数为 122。则“第三层”编号长度为(　　)位。

A. 1　　B. 2　　C. 3　　D. 4

2. (　　)是对会计对象具体内容进行分类核算的目录。它是填制凭证、登记账簿和编制报表的基础。

A. 会计分录　　B. 会计要素

C. 会计科目　　D. 会计核算

3. 根据会计核算的需要规定了每个科目的会计账页格式,而电算化中的账页格式一般不包括(　　)。

A. 金额式　　B. 数量金额式

C. 数量外币式　　D. 多栏式

4. 科目编码方案为 4222,则属于负债类三级明细科目的编码是(　　)。

A. 10020102　　B. 21010201

C. 31010102　　D. 210301

5. 在设置会计科目时，(　　)不用录入。

A. 会计科目编码　　B. 账页格式

C. 辅助核算　　D. 期初余额

6. 可以利用复制功能增加会计科目，其操作方法是：单击选中被复制的会计科目所在行，执行“编辑”|“复制”命令或按(　　)键。

A. Ctrl+A　　B. Ctrl+C

C. Ctrl+I　　D. Ctrl+Z

7. 指定科目需要在“会计科目”窗口中，执行(　　)命令。

A. “设置”|“指定科目”　　B. “制单”|“指定科目”

C. “制定”|“指定科目”　　D. “编辑”|“指定科目”

8. 可以被删除的会计科目是(　　)。

A. 录入了期初余额的科目　　B. 被指定为现金、银行科目的会计科目

C. 已制单的科目　　D. 设置了数量核算的科目

9. 凭证类别的限制条件是指限制该凭证类别的(　　)。

A. 使用范围　　B. 使用方法

C. 使用功能　　D. 使用频率

10. 设置凭证类别排列顺序为收、付、转，那么当查询明细账、日记账时，(　　)的凭证将按照收、付、转的顺序进行排列。

A. 同一日　　B. 同一月

C. 同一季　　D. 同一使用频率

11. 设置结算方式的内容不包括(　　)。

A. 类别编码　　B. 类别名称

C. 结算方式有效期　　D. 票据管理方式

12. 收款凭证的限制类型一般应设为(　　)。

A. 凭证必有　　B. 凭证必无

C. 借方必有　　D. 贷方必有

三、多项选择题

1. 经过整理的基础设置除了(　　)在创建账套时设置外，其他基础信息的设置应在系统控制台的“基础设置”中进行设置。

A. 编码方案　　B. 数据精度

C. 部门档案　　D. 结算方式

2. 设置会计科目的原则有(　　)。

A. 会计科目的设置必须满足会计核算与经济管理的要求

B. 会计科目的设置必须满足财务报表编制的要求

C. 会计科目要保持相对稳定，不能随便删除

D. 会计科目的设置必须保持科目与科目间的协调性和体系完整性

3. 辅助核算主要包括(　　)等。

A. 客户往来　　B. 数量核算

C. 项目核算　　D. 银行账和日记账

4. 指定会计科目的目的是(　　)。

A. 在出纳功能中可以查询现金日记账和银行存款日记账

B. 进行银行对账和出纳签字

C. 在制单中进行支票控制和资金赤字控制

D. 实现现金、银行管理的保密性

5. 转账凭证的限制类型一般不能设置为(　　)。

A. 借方必无　　B. 凭证必无

C. 无限制　　D. 贷方必无

6. 如果科目编码方案为4222,则不属于资产类二级明细科目编码的有(　　)。

A. 100201　　B. 210303

C. 10090101　　D. 410101

训练 1.6　设置工资和固定资产核算规则

一、判断题

(　　)1. 所有工资项目均可根据需要自行增加或修改,以适应各单位的需要。

(　　)2. 为了便于日后人员在部门之间调动工作,不同部门的人员编码可以重复。

(　　)3. 工资项目计算公式的排列顺序决定系统执行工资计算的先后顺序,因此设置时务必注意。

(　　)4. 为避免差错,工资项目必须完全确定后,再开始定义公式。

(　　)5. 工资项目计算公式录入完毕后,必须单击"公式确认"按钮进行语法检查以保证公式正确,并将公式予以保存。

(　　)6. 设置固定资产类别就是定义固定资产的分类编号级次。使用者需要自行定义编码和分类名称。

(　　)7. 资产类别编码不能重复,不同级的类别名称不能相同。

(　　)8. 已使用过(卡片已选用过)的增减方式或非末级增减方式不能被删除。

(　　)9. 设置了部门对应折旧科目,在发生该增减方式的固定资产变动时,系统会自动采用这些科目生成转账凭证。

二、单项选择题

1. 在畅捷通T3软件主窗口中,执行(　　)命令,可以打开"工资项目设置"对话框。

A. "工资"|"工资项目设置"

B. "设置"|"工资项目设置"

C. "工资"|"设置"|"工资项目设置"

D. "设置"|"工资"|"工资项目设置"

2. 在工资系统中,银行名称长度不得超过(　　)。

A. 5个汉字或10位符　　B. 10个汉字或20位符

C. 15个汉字或30位符　　D. 20个汉字或40位符

3. 假设岗位工资的发放要求是:经理人员的岗位工资 2 800 元,管理人员的岗位工资 2 500 元,其他人员的岗位工资 2 300 元。则正确的公式是(　　)。

A. iff(人员类别 = “经理人员”,2 800,iff(人员类别 = “管理人员”,2 500,2 300))

B. iff(人员类别 = “经理人员”,2 300,iff(人员类别 = “管理人员”,2 500,2 800))

C. iff(人员类别 = “其他人员”,2 800,iff(人员类别 = “管理人员”,2 500,2 300))

D. iff(人员类别 = “其他人员”,2 300,iff(人员类别 = “管理人员”,2 800,2 500))

4. 假设固定资产的减少方式为损毁,其对应的入账科目一般为(　　)。

A. 银行存款　　B. 固定资产

C. 累计折旧　　D. 固定资产清理

5. 在畅捷通 T3 软件主窗口中,执行(　　)命令,打开“类别编码表”窗口。

A. “固定资产”|“设置”|“资产类别”

B. “设置”|“固定资产”|“资产类别”

C. “固定资产”|“资产类别”

D. “设置”|“资产类别”

6. 当固定资产类别编号级次为 2112 时,资产类别设置正确的结果是(　　)。

A. 1 交通运输设备　　B. 02 电子设备及其他通信设备

C. 10101 经营用　　D. 1010101 非经营用

三、多项选择题

1. 在启动工资系统之后、处理工资业务之前,必须设置工资系统的业务核算规则。其内容包括(　　)。

A. 设置银行名称　　B. 资产类别

C. 使用状况　　D. 设置计算公式

2. 固定资产系统的基础设置主要包括(　　)。

A. 固定资产管理部门对应折旧科目　　B. 设置人员类别

C. 固定资产折旧方法　　D. 部门档案

3. 定义工资项目计算公式可选择(　　)来组合公式。

A. 工资项目　　B. 运算符

C. 关系符　　D. 函数

4. (　　)项目可以不设计算公式,工资系统会自动生成数据。

A. 应发合计　　B. 请假扣款

C. 扣款合计　　D. 实发合计

5. 工资项目计算公式的录入方法有(　　)。

A. 直接录入公式　　B. 复制录入公式

C. 参照录入公式　　D. 函数向导录入公式

6. 设置固定资产类别时,(　　)不能为空。

A. 卡片样式　　B. 使用年限

C. 计提属性　　D. 计量单位

训练 1.7 录入期初数据

一、判断题

(　　) 1. 如果借贷标志不能改变,余额可用“—”符号表示。

(　　) 2. 凭证记账后,发现期初余额错误,可以再次修改。

(　　) 3. 期初余额试算不平衡,将不能记账,也不可以填制凭证。

(　　) 4. 已经记过账,则不能再录入、修改期初余额,也不能执行“结转上年余额”的功能。

(　　) 5. 输入工资数据时,只需录入没有进行公式定义的项目,其余各项由系统根据计算公式自动计算生成。

(　　) 6. 固定资产原始卡片的录入仅限制在第一个期间结账前进行完毕,其余时候不可以录入。

(　　) 7. 固定资产卡片编号由系统根据初始化时定义的编码方案自动设定,但可以修改。

(　　) 8. 固定资产折旧已计提月份由系统根据开始使用日期自动算出,不可以修改。

(　　) 9. 固定资产卡片原值、累计折旧额录入的必须是卡片录入月月初的金额,否则将出现计算错误。

二、单项选择题

1. 当第一次使用总账系统时,首先应将原系统的(　　)整理好,编制科目余额表,然后通过键盘录入系统。

A. 期初余额　　B. 账户余额

C. 期末余额　　D. 累计发生额

2. 录入总账系统期初余额时,(　　)由系统自动计算。

A. 一级科目余额　　B. 明细科目余额

C. 中间级科目余额　　D. 最末级科目余额

3. 在固定资产卡片项目中,不能根据其他项目自动计算出来的是(　　)。

A. 月折旧额　　B. 月折旧率

C. 累计折旧　　D. 已计提月份

三、多项选择题

1. 在使用总账系统前,需要将一些基础数据录入系统。这些数据包括各账户的(　　)。

A. 年初余额

B. 启用月份的月初余额

C. 年初到启用月份的各月借贷方发生额

D. 年初到启用月份的累计发生额

2. (　　)等科目的余额方向与同类科目性质相反。在建立会计科目时,如果没有对这些科目的余额方向进行调整,则应在录入期初余额时把方向调整正确。

A. 应收账款　　B. 累计摊销

C. 累计折旧　　D. 应付账款

3. 一般地,录入个人工资固定数据时,只需录入原始项的数据,(　　)等非原始项目无须输入。

A. 基本工资　　B. 应发工资

C. 实发工资　　D. 奖励工资

训练 1.8　总账系统日常业务处理

一、判断题

(　　) 1. 如果录入的会计科目有辅助核算要求,则应录入辅助核算内容。

(　　) 2. 凭证日期应小于等于系统的启用日期。

(　　) 3. 凭证的每行必须有摘要内容,不同行的摘要内容必须不同。

(　　) 4. 录入科目时,一般可只录入科目名称,计算机会根据科目名称自动切换为对应的科目编码。

(　　) 5. 记账凭证的金额不能为“零”,红字以“—”表示。

(　　) 6. 在总账系统中,既可以录入未结账月份的记账凭证,也可以在月末未结账的情况下,录入下一个月的凭证。

(　　) 7. 采用序时控制时,凭证日期不能超过业务日期。

(　　) 8. 凭证保存后,其凭证类别、凭证编号还能修改。

(　　) 9. 正文中不同行的摘要必须相同且不能为空。

(　　) 10. 只有在部门档案中预先定义好欲录入的部门,才能录入部门名称,否则系统会发出警告。

(　　) 11. 填制记账凭证时,若空过辅助信息,可能会导致数量辅助核算的对账不平,因此系统将发出出错警告,且不继续操作。

(　　) 12. 已通过审核并记账的凭证不能直接修改,不过已通过审核但还未记账的凭证可以直接修改。

(　　) 13. 红字凭证应视同正常凭证进行保存和管理。

(　　) 14. 作废凭证既不能修改,也不能审核。

(　　) 15. 作废的凭证,可以通过凭证整理功能彻底删除。

(　　) 16. 如果将作废凭证记账,当查询账簿时,会查询不到该作废凭证的数据。

(　　) 17. 如果不想保留作废凭证,则可以通过“整理凭证”功能,将其彻底删除,系统会自动对所有凭证重新编号。

(　　) 18. 会计凭证作为会计档案最为重要的部分,必须以纸质保存。

二、单项选择题

1. (　　)是总账系统处理的起点,也是所有查询数据的一个最主要来源。

A. 原始凭证　　B. 记账凭证

C. 总分类账簿　　D. 明细分类账簿

2. 在实行会计电算化后,电子账簿的准确与完整完全依赖于(　　),因此使用者必须确保其录入的准确完整。

A. 固定资产卡片　　B. 原始凭证

C. 记账凭证　　　　D. 固定资产变动单

3. 对(　　)的机内记账凭证,可随时找到错误凭证,在填制状态下直接进行修改。

A. 还未录入但已审核　　　　B. 已录入但未审核

C. 已审核但未记账　　　　D. 已记账但未结账

4. 在保存凭证后,凭证的(　　)不可以修改。

A. 日期　　　　B. 编号

C. 金额　　　　D. 会计分录

5. 如果要专门查询某一段时间的凭证,则应选择(　　)作为查询凭证的条件。

A. 日期　　　　B. 凭证号范围

C. 辅助条件　　　　D. 自定义项

6. (　　)是指将未记账或已记账的凭证按标准格式输出到屏幕或打印机。

A. 查询凭证　　　　B. 汇总凭证

C. 输出凭证　　　　D. 打印凭证

三、多项选择题

1. 凭证的录入可以采用(　　　　)方式。

A. 键盘录入　　　　B. 硬盘引入

C. 网络传输　　　　D. 自动生成机制凭证

2. 记账凭证的凭证头部分包括(　　　　)等。

A. 凭证类别和编号　　　　B. 凭证日期

C. 摘要　　　　D. 附件张数

3. 会计科目通过(　　　　)录入。

A. 科目名称　　　　B. 科目编码

C. 科目助记码　　　　D. 科目属性

4. 录入有客户往来核算要求的凭证时,需要在"辅助项"对话框中录入的辅助信息有(　　　　)。

A. 客户　　　　B. 业务员

C. 票号　　　　D. 发生日期

5. (　　　　)可以修改凭证。

A. 发现凭证填写错误的审核员　　　　B. 操作员本人

C. 具有修改权限的操作员　　　　D. 记账员

训练 1.9　工资和固定资产系统日常业务处理

一、判断题

(　　) 1. 个人所得税参数设置后,系统会自动根据职工月工资计算应纳个人所得税税额。

(　　) 2. 个人所得税申报表显示栏目和税率确定以后,系统自动重新计算个人工资所得税。

(　　) 3. 对当月投入使用的固定资产,从当月开始计提折旧。

(　　) 4. 在固定资产系统中,当减少固定资产时,需要先进行计提折旧。

(　　) 5. 如果要减少的资产较多并且有共同点,则通过录入资产编号或卡片号,将资产添加到资产减少表中。

(　　) 6. 在固定资产系统中,在一个期间内可以多次计提折旧。

(　　) 7. 新卡片第一个月不提折旧,累计折旧为空或 0。

(　　) 8. 只有当账套开始计提折旧后才可以使用资产减少功能。

(　　) 9. 录入后的固定资产变动单不能修改,应该先作删除处理后再重新录入。

(　　) 10. 固定资产原值变动必须保证变动后的净值小于变动后的净残值。

(　　) 11. 如果上次计提折旧已通过记账凭证把数据传递到总账系统,则必须删除该凭证才能重新计提折旧。

(　　) 12. 计提折旧后又对账套进行了影响折旧计算或分配的操作,必须重新计提折旧,否则系统不允许结账。

二、单项选择题

1. (　　)一般是指在日常工资业务核算中对员工工资数据的增加、减少等情况的调整。

A. 员工调整　　B. 人员变动
C. 工资变动　　D. 工资处理

2. 如果要对同一工资项目做统一变动,可通过(　　)功能提高修改速度。

A. 页编辑　　B. 定位
C. 数据过滤　　D. 数据替换

3. 当固定资产的开始使用月份(　　)录入月份时,可通过“资产增加”功能录入。

A. 大于　　B. 小于
C. 等于　　D. 不等于

4. 录入新增固定资产卡片时,只能改变卡片的“开始使用日期”项目中的(　　),其他不能修改。

A. 年　　B. 月　　C. 日　　D. 时间

5. 录入新增固定资产卡片时,固定资产原值一定要录入(　　)的价值,否则会出现计算错误。

A. 购入时　　B. 建成时
C. 卡片录入月月初　　D. 卡片录入月月末

三、多项选择题

1. 工资的日常业务处理,主要是对员工档案的维护、员工个人工资数据的调整,以及某些工资项目的增减设置,包括(　　　)等工作。

A. 人员的变动　　B. 工资数据的修改
C. 个人所得税的计算与申报　　D. 工资数据计算与汇总

2. 工资数据调整可以通过(　　　)等功能来完成。

A. 编辑　　B. 数据筛选
C. 定位　　D. 数据替换

3. 在(　　　)情况下,必须执行“重算工资”和“工资汇总”等功能,重新计算与汇总个人工资数据,以保证工资数据的正确。

A. 修改了某些数据　　B. 增加了某些工资项目

C. 重新设置了计算公式　　D. 调整了工资项目的顺序

4. 采用工资系统计算与申报个人工资所得税,需要完成(　　)步骤。

A. 设置个人所得税申报表栏目　　B. 设置个人所得税税率表

C. 计算与申报个人所得税　　D. 缴纳个人所得税

5. 固定资产系统日常业务处理包括(　　)。

A. 固定资产增加核算　　B. 固定资产减少核算

C. 固定资产变动核算　　D. 固定资产折旧处理

6. 属于固定资产变动内容的有(　　)。

A. 原值变动　　B. 部门转移

C. 使用年限调整　　D. 资产类别调整

训练 1.10　审核与记账

一、判断题

(　　) 1. 审核的任务主要是审核记账凭证是否与原始凭证相符,会计分录是否正确等。

(　　) 2. 审查认为错误或有异议的凭证应修改后再审核。

(　　) 3. 取消审核只能由审核人进行。

(　　) 4. 凭证一经签字,不能被修改或删除。

(　　) 5. 取消出纳签字可以由会计主管代替出纳员进行操作。

(　　) 6. 作废凭证不能被审核,但可以被标错。

(　　) 7. 已标错的凭证不能被审核,需先取消标错后才能审核。

(　　) 8. 凭证一经审核,不能被修改或删除,只有取消审核后才可修改或删除。

(　　) 9. 经出纳签字,但在记账前发现有问题,可以利用出纳签字功能将签字改为未签字。

(　　) 10. 未审核凭证不能记账,记账范围应小于等于已审核范围。

(　　) 11. 上月未记账或结账时,本月不能记账。

(　　) 12. 第一次记账时,系统会检查期初余额是否平衡,如果不平衡,不能记账。

(　　) 13. 如果在记账前发生中断,须先调用"恢复记账前状态"功能,然后再记账。

(　　) 14. 为了当天打印日记账,每天至少应在当天业务输入完后记一次账。

二、单项选择题

1. 审核方法中最常用的方法是(　　)。

A. 计算机自动审核

B. 屏幕审核

C. 静态审核(即打印记账凭证然后进行审核)

D. 二次录入检验

2. (　　)前,系统将自动进行硬盘备份。

A. 填制凭证　　B. 审核

C. 出纳签字　　D. 记账

3. 记账步骤中除(　　)外其他步骤都是由计算机自动进行的。

A. 选择记账凭证　　B. 硬盘备份

C. 记账前的检验　　D. 显示记账报告

三、多项选择题

1. 审核方法有(　　)。

A. 计算机自动审核

B. 屏幕审核

C. 静态审核(即打印记账凭证然后进行审核)

D. 人工审核

2. 若对出纳凭证进行签字操作,必须(　　)。

A. 先对凭证进行审核员签字

B. 指定具有“出纳签字”权限的操作员

C. 在会计科目设置中将“库存现金”指定为“现金总账科目”

D. 在会计科目设置中将“银行存款”指定为“银行总账科目”

3. 登记账簿是由具有记账权限的操作员发出记账指令,由计算机按照预先设计的记账程序自动进行(　　)等操作。

A. 凭证审核　　B. 合法性检验

C. 科目汇总　　D. 登记账簿

4. 记账前的检验包括(　　)。

A. 检验上月是否记账或结账　　B. 检验是否通过审核

C. 检验凭证是否平衡　　D. 检查期初余额是否平衡

训练 1.11　出纳、工资和固定资产账表管理

一、判断题

(　　) 1. 现金日记账、银行存款日记账与普通科目明细账是相同的。

(　　) 2. 资金日报表是反映货币资金每日发生额及余额情况的报表。

(　　) 3. 本月结账后,查询现金日记账时,系统只显示“当前合计”和“当前累计”数据。

(　　) 4. 查询工资发放签名表时,既可以按单个部门查询,也可以按所有部门查询。

(　　) 5. 固定资产账表管理提供自定义报表功能,企业可根据实际要求进行设置。

(　　) 6. 固定资产卡片的修改是有痕迹修改。

二、单项选择题

1. 进行现金日记账和银行存款日记账查询时,首先要选择(　　)。

A. 查询条件　　B. 查询日期

C. 查询凭证号　　D. 查询附件

2. (　　)是反映库存现金和银行存款科目当日借贷方发生额及余额情况的报表。

A. 库存现金和银行存款　　B. 资金余额表

C. 资金日报表　　D. 现金日记账和银行存款日记账

3. 库存现金和银行存款的总账应在(　　)查询。

A. 总账系统　　B. 现金系统

C. 现金银行系统　　D. 查询系统

4. 工资发放签名表的查询步骤是执行(　　)命令。

A. “工资”|“统计分析”|“账表”|“工资表”

B. “工资”|“查询”|“账表”|“工资表”

C. “工资”|“统计分析”|“账表”|“工资表”|“工资发放签名表”

D. “工资”|“查询”|“账表”|“工资表”|“工资发放签名表”

5. 发现固定资产卡片录入有错时,可以通过(　　)功能删除该卡片。

A. 卡片修改　　B. 卡片删除

C. 卡片管理　　D. 卡片注销

6. 固定资产统计类报表是为满足资产管理的需要而按(　　)统计资产数据的报表。

A. 资产类别　　B. 使用状况

C. 管理目的　　D. 管理要求

三、多项选择题

1. 资金日报表查询的条件有(　　)。

A. 会计日期　　B. 会计科目

C. 包含未记账凭证　　D. 有无余额发生都显示

2. 在总账系统查询的日记账,必须被指定为(　　)科目。

A. 现金总账　　B. 银行存款总账

C. 日记账辅助核算　　D. 银行辅助核算

3. 工资数据的输出,按其内容可分为(　　)等部分。

A. 个人工资数据　　B. 按部门汇总的工资数据

C. 按统计口径汇总的数据　　D. 按工资类别汇总的数据

4. 工资数据的输出,按其输出途径可分为(　　)。

A. 网络传送　　B. 屏幕显示

C. 键盘输出　　D. 打印输出

5. 固定资产系统为卡片管理提供了(　　)的功能。

A. 卡片录入　　B. 卡片查询

C. 卡片修改　　D. 卡片删除

6. 固定资产系统提供的账表包括(　　)。

A. 账簿　　B. 折旧表

C. 统计表　　D. 分析表

7. 固定资产总账的查询条件包括(　　)。

A. 按科目查询　　B. 按部门名称查询

C. 按编码查询　　D. 按类别名称查询

训练 1.12　总账账簿管理

一、判断题

(　　) 1. 利用账簿查询功能可随时对账表进行查询、分析管理,取得所需会计信息。

(　　) 2. 在实行计算机记账后,可以采用余额表代替总账。

(　　) 3. 在三栏式明细账的查询中,必须按指定条件进行查询。

(　　) 4. 在总账系统中,进行普通多栏式明细账查询的科目必须有下级科目。

(　　) 5. 在总账系统中,进行普通多栏式明细账查询时,一旦生成了多栏账,其栏目的发生额方向不能调整。

(　　) 6. 在明细账查询过程中,可以通过"账页格式"下拉列表框,选择需查询的格式。

(　　) 7. 部门总账查询主要用于查询部门业务发生的明细情况。

(　　) 8. 在电算化下,需要对科目进行部门核算时,只能为科目设置"部门核算"辅助功能,不能按部门设置明细科目。

(　　) 9. 选择部门收支分析的科目必须设置"部门核算"辅助项。

(　　) 10. 使用往来账龄分析功能,单击"详细"按钮,可以查询各账龄区间段的金额占总额的百分比等详细情况。

(　　) 11. 核销是指对债权、债务已结清的业务作删除处理,表示本笔业务已经结清。

(　　) 12. 查询账簿时,可以随时录入查询条件,也可以调用"我的账簿"的查询条件实现查询。

(　　) 13. 在查询科目发生额及余额表时,科目编码可使用通配符"*"。

二、单项选择题

1. 如需要查询资金发生的真实情况可选择(　　)。

A. 有无余额发生都显示　　B. 是否按对方科目展开

C. 包含未记账凭证　　D. 按发生日期

2. 普通明细账是按科目查询按(　　)排序的明细账。

A. 凭证类别　　B. 凭证编号

C. 发生日期　　D. 附单据数

3. 查询部门核算账簿的操作是执行(　　)命令。

A. "总账"|"我的账簿"　　B. "总账"|"账簿查询"

C. "总账"|"部门查询"　　D. "总账"|"辅助查询"

4. 催款单只能在设置有(　　)的应收账款和其他应收款的科目使用。

A. 部门核算　　B. 客户往来

C. 供应商往来　　D. 项目核算

5. (　　)是对个人往来款余额的时间分布情况进行账龄分析,以便财务人员及时了解个人往来款的资金使用情况。

A. 个人往来催款单　　B. 个人往来账龄分析

C. 个人往来余额表　　D. 个人往来清理

6. 通过(　　)可以对应收账款拖欠时间进行整理归类和分析,了解企业管理人员收款工作的效率,以便正确确定今后的销售策略,并能根据各种应收账款过期的时间和历史资料,估计坏账损失。

A. 账龄分析表　　B. 往来账表

C. 催款单　　D. 往来科目汇总表

7. 在客户分类明细账查询中,单击“凭证”按钮,可以联查(　　)。

A. 凭证汇总表　　B. 该业务凭证

C. 客户往来总账　　D. 填制凭证

8. 当查询条件中除了月份外还选择了“包含未记账凭证”项,且其他条件为空时,查询的结果应该是指定月份(　　)。

A. 记账后的账簿数据

B. 填制记账凭证后的账簿数据

C. 结账后的所有级次科目发生额及余额表

D. 结账后的一级科目发生额及余额表

9. 查询科目发生额及余额表时,如果录入科目编码的查询条件为“????02”,则得到的查询结果是(　　)。

A. 所有二级编码为 02 的会计科目　　B. 所有明细科目为 02 的会计科目

C. 查询出错　　D. 所有一级科目编码为四位的会计科目

10. 查询科目发生额及余额表时,科目编码可使用通配符(　　)。

A. “?”　　B. “*”　　C. “#”　　D. “@”

11. 下列明细账的查询结果是按(　　)条件实现的。

日期	科目	摘要	借方	贷方	余额
1月2日	100201	…	100.00	…	
1月4日	100201	…	200.00	…	
1月1日	100202	…	100.00	…	
1月3日	100202	…	100.00	…	

A. 科目范围　　B. 月份综合明细账

C. 科目范围且按科目排序　　D. 月份综合明细账且按科目排序

三、多项选择题

1. 明细账提供的账簿查询类型包括(　　)。

A. 普通明细账　　B. 按科目排序明细账

C. 月份综合明细账　　D. 按日期排序明细账

2. 科目发生额与余额汇总的方式有(　　)。

A. 按月汇总　　B. 按科目汇总

C. 按金额汇总　　D. 按条件定义汇总

3. 实现计算机记账后,系统提供了(　　)方法来实现对部门核算的需求。

A. 按部门类别　　B. 按部门明细科目

C. 按部门核算功能
D. 按部门管理

4. 自定义多栏式明细账的方式有(　　　　)。
A. 模板编制
B. 自动编制
C. 手动编制
D. 表格编制

5. 部门收支分析的选择条件有(　　　　)。
A. 分析科目
B. 分析部门
C. 分析月份
D. 分析金额

6. (　　　　)是往来辅助核算的重要功能。
A. 往来款项分析
B. 往来账表分析
C. 账龄分析
D. 往来业务分析

7. 催款单应在(　　　　)科目中使用。
A. 应收账款
B. 应付账款
C. 其他应收款
D. 其他应付款

8. 关于账簿查询,正确的描述有(　　　　)。
A. 查询总账、明细账时,可在"账页格式"框中选择转换查询的账页格式
B. 查询总账、明细账时,可在"我的账簿"目录下调用查询条件
C. 只有在记账凭证记账后,才能查询总账科目发生额及余额
D. 在总账查询窗口中,可同时查询明细账

9. 关于明细账查询,正确的描述有(　　　　)。
A. 查询条件可保存在"我的账簿"目录下
B. 可只查询某一月份的明细账,也可组合条件查询
C. 多栏式明细账查询中,负债、收入类科目只分析其下级科目的贷方发生额,资产、费用类科目只分析其下级科目的借方发生额
D. 多栏式明细账查询中,可自动编制分析栏目,亦可手动编制分析栏目

10. 对科目进行部门核算的方法有(　　　　)。
A. 对需要进行部门核算的科目按部门设置明细科目
B. 对需要进行部门核算的科目设置"部门核算"
C. 在部门辅助核算中单独管理
D. 在机构设置功能中设置部门核算

11. 在电算化方式下,往来客户催款单的发送方式有(　　　　)。
A. 打印后寄发或传真
B. 通过电子邮件(E-mail)发送
C. 对方前来领取
D. 现场确认

12. 在客户往来科目余额表查询中,可以同时查询(　　　　)等内容。
A. 本期借贷方累计发生额
B. 客户往来明细账
C. 期末余额
D. 期初余额

13. 根据往来汇总表,可以输出(　　　　)。
A. 往来科目的所有客户的余额表
B. 单个往来客户的余额表
C. 按客户分类的余额表
D. 整个企业应收账款增减变动详细情况

训练 1.13　工资和固定资产系统月末业务处理

一、判断题

(　　) 1. 由计算机来处理期末会计业务可以大大提高处理期末业务的工作效率。

(　　) 2. 期末转账业务的数据全部来源于会计账簿。

(　　) 3. 工资总额计算和计提基数需要在"工资分摊"中设置。

(　　) 4. 工资分摊计提基数可通过"修改"功能进行调整。

(　　) 5. 进行工资分摊时可以不设置"明细到工资项目"。

(　　) 6. 固定资产账表管理提供自定义报表功能,企业可根据实际要求进行设置。

(　　) 7. 固定资产卡片的修改是无痕迹修改。

二、单项选择题

1. 期末转账业务大多数都在各会计期的(　　)进行。

A. 期初　　B. 期中　　C. 期末　　D. 年终

2. 在设置工资总额和计提基数时,其操作应为执行(　　)命令。

A. "工资"|"业务处理"|"工资变动"

B. "工资"|"业务处理"|"银行代发"

C. "工资"|"业务处理"|"工资分摊"

D. "工资"|"业务处理"|"月末处理"

3. 在设置工资分摊的凭证时,应选择的"凭证类别"为(　　)。

A. 记账凭证　　B. 收款凭证

C. 付款凭证　　D. 转账凭证

4. 银行代发工资业务应在(　　)系统中处理。

A. 总账　　B. 工资

C. 应付账款　　D. 固定资产

5. 对固定资产卡片进行修改时,其操作应为执行(　　)命令。

A. "卡片"|"卡片项目"　　B. "卡片"|"卡片样式"

C. "卡片"|"卡片管理"　　D. "卡片"|"卡片录入"

6. 固定资产分析表通过对固定资产的综合分析,为(　　)提供管理和决策依据。

A. 管理者　　B. 投资者

C. 经营者　　D. 合资者

三、多项选择题

1. 工资费用计提的分配方式有(　　)。

A. 分配到部门　　B. 分配到个人

C. 分配到总账　　D. 分配到明细账

2. 工资月末处理的主要工作有(　　)。

A. 工资总额的计算　　B. 设置费用计提基数

C. 分配各种费用　　D. 制成自动转账凭证

3. 工资分摊的操作步骤包括(　　　　　)。

A. 确定工资分摊的部门　　B. 确定工资分摊的费用

C. 确定费用计提的比例　　D. 确定费用借贷方的入账科目

4. 完成固定资产系统转账生成工作包括(　　　　　)。

A. 定义部门　　B. 定义科目

C. 定义凭证　　D. 生成凭证

5. 在固定资产系统中制作凭证可采用(　　　　　)。

A. 立即制单　　B. 月中制单

C. 月末制单　　D. 批量制单

6. 当单击“制单”按钮,生成一张固定资产增加的记账凭证时,必须选择(　　　　　)。

A. 凭证类别　　B. 制单日期

C. 凭证摘要　　D. 业务金额

训练 1.14　总账系统内部自动转账

一、判断题

(　　)1. 对应结转一般针对资产、成本或费用类科目,且只结转期末余额。

(　　)2. 相关自动转账分录是指其金额大小与本月发生的经济业务无关的分录。

(　　)3. 由自动转账分录生成的转账凭证无须审核,可直接记账。

(　　)4. 设置对应结转分录时,其转出科目和辅助项与转入科目和辅助项必须一致。

(　　)5. 当转账内容发生变化时才能修改自动转账分录。

(　　)6. 由计算机自动转账生成的记账凭证称为转账凭证。

(　　)7. 期末转账业务通常是企业在每个会计期间结账前都要进行的固定业务。

二、单项选择题

1. 对应结转只结转(　　)。

A. 期初余额　　B. 本期发生额

C. 期末余额　　D. 累计金额

2. 设置结转收支类账户分录,其操作步骤为执行(　　)命令。

A. “期末”|“转账定义”|“对应结转”

B. “期末”|“转账定义”|“销售成本结转”

C. “期末”|“转账定义”|“汇兑损益”

D. “期末”|“转账定义”|“期间损益”

3. 总账系统转账生成的凭证,系统会自动追加到(　　)中。

A. 未记账凭证　　B. 已记账凭证

C. 总账账簿　　D. 明细账账簿

4. 设置期间损益结转分录时,本年利润科目必须为(　　)。

A. 一级科目　　B. 二级科目

C. 三级科目　　D. 末级科目

5. 独立自动转账分录是指其金额大小与本月发生的任何经济业务(　　)的分录。
A. 有关　　B. 无关
C. 相等　　D. 不相等

三、多项选择题

1. 期末转账的特点包括(　　)。
A. 一般在各会计期的期初进行
B. 记账凭证不必附有反映该业务的原始凭证
C. 凭证摘要、借贷方科目固定不变
D. 转账数据大多来源于账簿
2. 总账系统内部转账设置包括(　　)。
A. 对应结转　　B. 销售成本结转
C. 汇兑损益结转　　D. 自定义结转
3. 自动转账分录可分为(　　)转账分录。
A. 独立自动　　B. 相关自动
C. 相连自动　　D. 多借多贷
4. 总账系统内部转账设置包括(　　)。
A. 自定义结转　　B. 对应结转
C. 销售成本结转　　D. 期间损益结转
5. 在设置销售成本结转分录时,必须具有数量辅助核算的科目有(　　)。
A. 原材料　　B. 库存商品
C. 主营业务收入　　D. 主营业务成本
6. 自定义损益类账户转账分录的设置条件包括(　　)。
A. 凭证类别　　B. 凭证摘要
C. 记账方向　　D. 科目编码
7. 设置自定义转账凭证的转账生成,其选择条件有按(　　)结转。
A. 所有辅助项　　B. 有发生额的辅助项
C. 所有明细项　　D. 有发生额的明细项

训练 1.15　银行对账和月末结账

一、判断题

(　　)1. 银行对账通常由出纳人员在会计期末进行。
(　　)2. 银行存款余额调节表是由使用者自己录入的。
(　　)3. 在凭证处理完毕后,系统将自动形成银行日记账的未达账项。
(　　)4. 银行自动对账功能首先依据“票号 + 方向 + 金额”方式进行自动对账。
(　　)5. 银行对账应以手工对账为主,自动对账为辅。
(　　)6. 工资月末结账时都应进行清零处理。
(　　)7. 固定资产系统月末处理就是对当月固定资产日常业务的处理。

(　　) 8. 每月结账前一定要做好数据备份。

二、单项选择题

1. 银行对账的初始化工作是(　　)。

A. 设置银行日记账　　B. 录入银行业务凭证

C. 录入银行期初余额　　D. 录入银行对账单

2. 录入银行对账单的操作步骤是执行(　　)命令。

A. “现金”|“现金管理”|“日记账”|“银行日记账”

B. “现金”|“现金管理”|“日记账”|“银行对账单”

C. “现金”|“现金管理”|“银行账”|“银行日记账”

D. “现金”|“现金管理”|“银行账”|“银行对账单”

3. 银行对账的首要条件是(　　)。

A. 业务发生日期相同　　B. 业务摘要内容相同

C. 凭证号相同　　D. 方向金额相同

4. 可通过“自动对账”功能核销的业务是对账单中(　　)相同。

A. 一条业务记录和银行日记账未达账项的一条业务记录

B. 一条业务记录和银行日记账未达账项的多条业务记录

C. 多条业务记录和银行日记账未达账项的一条业务记录

D. 多条业务记录和银行日记账未达账项的多条业务记录

5. 手工对账是自动对账的(　　)。

A. 关键　　B. 过渡

C. 补充　　D. 核心

6. 输出银行存款余额调节表应执行(　　)命令。

A. “现金”|“现金管理”|“日记账”|“余额调节表查询”

B. “现金”|“现金管理”|“银行账”|“余额调节表查询”

C. “总账”|“账簿查询”|“余额调节表查询”

D. “总账”|“我的账簿”|“余额调节表查询”

7. 结账后本月工资明细表为(　　)状态。

A. 可修改　　B. 不可修改

C. 清零　　D. 固定

8. 固定资产系统月末结账前必须与(　　)进行对账。

A. 总账系统　　B. 工资系统

C. 存货系统　　D. 销售系统

三、多项选择题

1. 银行自动对账可选择的条件包括(　　　)。

A. 日期相差天数　　B. 结转方式相同

C. 结算票号相同　　D. 方向金额相同

2. 银行对账采用(　　　)相结合的方式。

A. 总账　　B. 明细账

C. 自动对账　　D. 手工对账

3. 总账系统的结账工作主要包括(　　　　)。

A. 停止本月各账户的记账工作　　B. 计算本月各账户发生额

C. 计算本月各账户期末余额　　D. 将余额结转到下月初

4. 结账的要求包括(　　　　)。

A. 结账前要进行数据备份　　B. 每月只能结账一次

C. 已结账月份不能再填写凭证　　D. 有结账权限的人才能进行结账

5. 不能通过“自动对账”功能核销的业务有对账单中(　　　　)相同。

A. 一条业务记录和银行日记账未达账项的一条业务记录

B. 一条业务记录和银行日记账未达账项的多条业务记录

C. 多条业务记录和银行日记账未达账项的一条业务记录

D. 多条业务记录和银行日记账未达账项的多条业务记录

6. 固定资产系统要完成(　　　　)操作方可结账。

A. 录入所有新增资产卡片　　B. 录入所有变动单

C. 进行本月的资产评估　　D. 完成业务数据的备份

7. 总账系统月末结转主要包括(　　　　)。

A. 凭证汇总　　B. 试算平衡

C. 对账　　D. 结账

训练 1.16　认识财务报表系统

一、判断题

(　　)1. 专用报表系统是把财务报表的种类、格式和编制方法固定在程序中。

(　　)2. 数据处理功能以变动的格式管理大量不同的表页。

(　　)3. 报表的表头栏目名称是表头的最主要内容。

(　　)4. 在格式状态下,所看到的是报表的数据。

(　　)5. 表体是报表的核心,决定报表的纵向组成。

(　　)6. 在数据状态下可以修改报表的格式。

(　　)7. 关键字是游离于单元之外的特殊数据单元。

(　　)8. 单元名用行和列组成的坐标表示,其中行号用字母表示,列标用数字表示。

(　　)9. 通用报表管理系统为各行业提供了编制报表的模板。

(　　)10. 通用报表管理系统可以编制自定义格式的报表。

(　　)11. 区域自起点单元至终点单元是一个完整的矩形块。

(　　)12. 关键字的值在格式状态下录入。

二、单项选择题

1. 组成报表的最小基本单位是(　　)。

A. 组合单元　　B. 表体

C. 变动单元　　D. 表单元

2. 在格式状态下所做的操作对本报表所有的(　　)都发生作用。

A. 单元　　B. 表页

C. 数据　　D. 字符

3. 目前国内流行的通用报表处理软件一般都提供(　　)图形分析功能。

A. 饼图、点图、折线图、立体图　　B. 点图、线图、折线图、立体图

C. 饼图、点图、直方图、线图　　D. 饼图、直方图、折线图、立体图

4. 在描述一个区域时,开始单元与结束单元之间用(　　)连接。

A. 逗号　　B. 句号

C. 分号　　D. 冒号

5. 报表关键字的值是在(　　)状态下录入的。

A. 键盘录入　　B. 格式

C. 数据　　D. 文件导入

6. 组合单元是由相邻的两个或更多的单元组合而成,且这些单元必须是(　　)。

A. 同一单元类型　　B. 不同单元类型

C. 同一单元地址　　D. 不同单元地址

三、多项选择题

1. 目前的表处理软件主要有(　　　)。

A. 专用报表系统　　B. 通用报表系统

C. 常用报表系统　　D. Excel 电子表软件

2. 报表管理系统的主要功能有(　　　)。

A. 文件管理　　B. 格式管理

C. 数据处理　　D. 图表处理

3. 格式管理功能为使用者提供的格式设计功能包括(　　　)。

A. 创建新表　　B. 定义组合单元

C. 画表格线　　D. 调整行高列宽

4. 在格式状态下可以设计报表的(　　　)。

A. 尺寸　　B. 单元属性

C. 公式　　D. 模板

5. 在数据状态下可看到的是报表的全部内容,包括(　　　)。

A. 标题　　B. 格式

C. 数据　　D. 单元

6. 字符单元的内容有(　　　)。

A. 汉字　　B. 字母

C. 数字　　D. 一串字符

7. 财务报表系统提供的关键字有(　　　)。

A. 报表名称　　B. 单位名称

C. 单位编号　　D. 年月日

8. 一个报表的表头包括(　　　)。

A. 报表名称　　B. 报表编制日期
C. 编制单位　　D. 使用货币单位

训练1.17 编制报表

一、判断题

(　　)1. 在财务报表系统中,一般都提供了多种分行业的常用会计报表格式及公式,称为报表模板。
(　　)2. 当前报表套用报表模板后仍保留原有的内容。
(　　)3. 在格式状态下设置关键字的显示位置。
(　　)4. 在录入单元公式时,凡涉及数学符号的均须录入英文全角字符。
(　　)5. 在编制新的财务报表时必须首先完成初始设置。
(　　)6. 同一张报表结构在同一会计日期多次生成报表,其所得的结果是有差异的。
(　　)7. 单元公式是指为报表数据单元进行赋值的公式。
(　　)8. 单元公式一般由数字、运算符、函数和运算符序列组成。
(　　)9. 创建新表就是把需要处理的报表在系统中进行登记。
(　　)10. 定义组合单元先要选择组合区域。
(　　)11. 在录入报表项目时,一定要录入编制单位和日期。
(　　)12. 关键字的位置是指关键字在某单元或组合单元的位置。
(　　)13. 调整关键字的位置必须录入关键字的绝对偏移量。
(　　)14. 报表格式设计和报表数据处理工作是在不同的状态下进行的。
(　　)15. 在录入报表项目时,不需录入编制单位和编制日期,由系统自动带出。
(　　)16. 报表审核公式必须在格式状态下编辑,在数据状态下执行。
(　　)17. 生成报表的过程是在人工控制下由计算机自动完成的。

二、单项选择题

1. 创建新表的操作是执行(　　)命令。
A. "文件"|"新建"　　B. "文件"|"打开"
C. "文件"|"套用"　　D. "文件"|"执行"
2. 调用预置报表模板的操作步骤是执行(　　)命令。
A. "格式"|"套用格式"　　B. "格式"|"报表模板"
C. "格式"|"自定义模板"　　D. "编辑"|"报表模板"
3. 预置报表模板中主要是对(　　)进行修改。
A. 科目名称　　B. 报表格式
C. 报表项目　　D. 公式单元
4. 报表系统的数据主要来源于从(　　)取数。
A. 其他核算系统　　B. 报表系统外部
C. 报表系统自身　　D. 总账系统
5. 在函数格式中须加双引号的函数项目是(　　)。

A. 账套号　　B. 科目编码
C. 会计期间　　D. 会计年度

6. 录入关键字是在(　　)状态下完成。
A. 格式　　B. 数据　　C. 静止　　D. 动态

7. 报表系统的日常处理不包括(　　)。
A. 报表的输出　　B. 报表格式的设置
C. 报表的维护　　D. 报表的汇总和分析

8. 报表系统处理流程是(　　)。
A. 数据处理→格式设计→打印输出　　B. 格式设计→数据处理→打印输出
C. 数据录入→数据处理→数据存储　　D. 数据处理→数据采集→数据输出

9. 设置“表尺寸”的操作是执行(　　)命令。
A. “格式”|“表尺寸”　　B. “格式”|“行高”
C. “格式”|“列宽”　　D. “格式”|“画线”

10. 画表格线时,必须选择(　　)。
A. 画线格式　　B. 画线区域
C. 画线单元　　D. 画线地址

11. 调整关键字的位置时,必须录入关键字的(　　)。
A. 相对位置　　B. 相对偏移量
C. 相应正数　　D. 相应负数

12. 在财务报表系统中,总账函数“QC”代表的是(　　)。
A. 期末函数　　B. 对方科目发生函数
C. 期初函数　　D. 净额函数

13. 在财务报表系统中,总账函数“QM”代表的是(　　)。
A. 期末函数　　B. 净额函数
C. 期初函数　　D. 对方科目发生函数

14. 财务报表系统默认的文件扩展名是(　　)。
A. .xls　　B. .rep　　C. .erp　　D. .doc

15. 通用报表系统和账务处理系统的桥梁是(　　)。
A. 计算公式　　B. 账务函数
C. 审核公式　　D. 表间计算公式

16. 账务取数公式中科目编码必须用(　　)括起来。
A. 括号　　B. 书名号
C. 大括号　　D. 双引号

三、多项选择题

1. 报表管理系统的基本操作过程包括(　　　　)。
A. 报表格式设置　　B. 定义运算公式
C. 报表数据处理　　D. 报表打印输出

2. 报表系统的初始设置包括(　　　　)。

A. 创建新表　　B. 设置报表格式
C. 定义数据来源　　D. 设置运算关系

3. 单元数据的计算公式一般是由(　　)组成。
A. 目标单元　　B. 运算符
C. 函数　　D. 运算符序列

4. 账务函数格式包括(　　)。
A. 科目编码　　B. 会计期间
C. 借贷方向　　D. 会计年度

5. 对于取自本表其他表页的数据可以利用(　　)作为表页定位的依据。
A. 科目编码　　B. 账务函数
C. 关键字　　D. 页标号

6. 在账务取数公式中,不可以省略的内容包括(　　)。
A. 科目编码　　B. 会计期间
C. 方向　　D. 账套号

7. 在财务报表系统中,数据一般来源包括从(　　)取数。
A. 报表系统自身　　B. 总账系统
C. 报表系统外部　　D. 其他子系统报表

8. 关于报表输出功能的描述,正确的有(　　)。
A. 可以打印输出　　B. 一般都提供打印设置功能
C. 可以屏幕显示输出　　D. 不能打印空表

9. 关于报表系统中单元属性的叙述,正确的有(　　)。
A. 录入后的字符单元只对本表页有效
B. 在格式状态下录入内容的单元均默认为表样单元
C. 录入后的表样单元对所有表页有效
D. 录入后的数值单元只对本表页有效

10. 报表的日常处理包括(　　)。
A. 创建新表　　B. 格式设计
C. 数据录入　　D. 数据采集

11. 报表的标识符可以是(　　)。
A. 文件名　　B. 编号　　C. 编码　　D. 序号

12. 财务报表系统提供的画线类型有(　　)。
A. 网线　　B. 横线　　C. 框线　　D. 反斜线

13. 设置单元风格包括(　　)。
A. 单元类型　　B. 字体图案
C. 数字格式　　D. 边框线

14. 在报表的数据状态下进行的工作包括(　　)。
A. 录入数据　　B. 根据公式加工数据
C. 设定表单元属性　　D. 舍位平衡计算

15. 报表的数据处理主要有(　　　　)。

A. 报表计算与重算　　B. 表页汇总

C. 图形处理　　D. 报表排序

16. 报表公式主要包括(　　　　)。

A. 单元公式　　B. 运算公式

C. 审核公式　　D. 舍位平衡公式

17. 定义舍位平衡公式,需要指明要舍位的(　　　　)。

A. 表名　　B. 范围　　C. 位数　　D. 单元

18. 审核公式是由(　　　　)组成的。

A. 计算公式　　B. 函数公式

C. 验证关系公式　　D. 提示信息

第 2 部分　单项操作技能训练

本部分的训练题改编于财务软件应用工程师认证考试中的上机操作题，旨在强化财务软件中某功能的操作技能。其做法是：每完成一个训练，都需要将此时的账套数据进行备份，作为下一个训练的预备数据；教师对操作过程及操作员身份不作评判，只对学生的操作结果进行打分。

训练 2.1　系 统 管 理

训练准备

完成财务软件的安装。

训练项目

1. 增加操作员(5 分)

(1) 01 洪敏(口令:1),角色:账套主管。

(2) 02 李立军(口令:2),角色:出纳。

2. 新建账套

(1) 账套信息。(10 分)

- 账套号:130;
- 账套名称:北京速运股份有限责任公司;
- 账套路径:C:\UFSMART\admin;
- 启用日期:2016 年 12 月。

(2) 单位信息。(5 分)

- 单位名称:北京速运股份有限公司;
- 单位简称:速运公司;
- 联系电话:010-84467312。

(3) 核算类型信息。(6 分)

- 本位币代码:RMB;
- 本位币名称:人民币;
- 企业类型:工业;
- 行业性质:小企业会计准则(2013 年);
- 账套主管:(01)洪敏;
- 按行业性质预置会计科目。

(4) 基础信息。(2 分)

对存货、客户、供应商进行分类核算,不设置外币核算业务。

(5) 业务流程。(0 分)

业务流程采用标准流程。

(6) 分类编码方案。(4 分)

- 科目编码:4-2-2-2;
- 部门编码:1-2;
- 结算方式编码:1-1;
- 客户分类编码:1-1-2;
- 其他编码保持不变。

(7) 数据精度。(0 分)

均默认为 2 位。

3. 财务分工(5 分)

(1) 01 洪敏,部门:财务部;职务:账套主管。拥有账套中所有权限。

(2) 02 李立军,部门:财务部;职务:出纳。拥有总账及现金的全部权限。

训练结果

将本训练的账套数据进行备份。备份路径自定。

训练 2.2 设置系统参数

训练准备

完成训练 2.1,或引入训练 2.1 账套数据。

训练项目

4. 启用系统(3 分)

进入 130 账套,会计年度为 2016 年,启用总账、工资和固定资产系统,启用日期为 2016 年 12 月 1 日,完成后退出系统管理。

5. 设置总账系统参数(8 分)

登录总账系统,设置以下系统参数。

(1) 在总账系统“凭证”控制参数中,补充并更改以下部分参数设置:

- 要进行支票管理;
- 不允许修改、作废他人填制的凭证;
- 凭证审核时控制到操作员;
- 出纳凭证必须经由出纳签字;
- 其余默认系统设置。

(2) 在总账系统“账簿”控制参数中,补充设置“明细账查询权限控制到科目”参数,其余默认系统设置。

(3) 在总账系统“其他”控制参数中,修改“数量”和“单价小数位”为“2”,设置部门、个人、项目均采用“按编码方式”进行排序,其余默认系统设置。

6. 设置工资系统参数(5 分)

进入 130 账套,设置工资系统参数,基本信息如下:

(1) 设置单个工资类别。

(2) 核算币种:人民币。

(3) 从工资中扣除个人所得税,但不进行扣零处理。

(4) 人员编码长度:3 位。

(5) 启用日期:2016 年 12 月 1 日。

7. 设置固定资产系统参数(15 分)

进入 130 账套,设置固定资产系统参数,基本信息如下:

(1) 启用月份:2016 年 12 月。

(2) 固定资产类别编码长度:2-1-1-2。

(3) 固定资产编码方式:按“类别编号 + 序号”自动编码,序号长度为“3”。

(4) 已注销的卡片 5 年后删除。

(5) 当“月初已计提月份 = 可使用月份 - 1”时,要求将剩余折旧全部提足。

(6) 采用平均年限法(一)按月计提折旧,折旧汇总分配周期为 1 个月。

(7) 要求与总账系统进行对账,固定资产对账科目为“1601,固定资产”,累计折旧对账科目为“1602,累计折旧”。

(8) 在对账不平的情况下不允许固定资产月末结账。

(9) 业务发生后立即制单,月末结账前一定要完成制单登账业务。

(10) 固定资产缺省入账科目为“1601,固定资产”,累计折旧缺省入账科目为“1602,累计折旧”。

训练结果

将本训练的账套数据进行备份。备份路径自定。

训练 2.3 设置总账系统基础信息

训练准备

完成训练 2.2,或引入训练 2.2 账套数据。

训练项目

2016 年 12 月 1 日,进入 130 账套,完成以下操作。

8. 建立部门档案(6 分)

根据表 2-1 资料建立部门档案。

表 2-1

部 门 档 案

部门编码	部门名称	部门属性	负责人
1	总经理办公室	管理与决策	孙佑良
2	财务部	管理	洪　敏
3	业务部	营销	陈明辉

注:实际操作中所有编码方案根据需要设置。

9. 建立职员档案(10 分)

根据表 2-2 资料建立职员档案。

表 2-2

职员档案

职员编号	职员姓名	所属部门	职员属性
101	孙佑良	总经理办公室	总经理
201	洪　敏	财务部	经理
202	李立军	财务部	管理人员
301	陈明辉	业务部	经理
302	张　民	业务部	业务员

10. 建立客户分类体系(4 分)

根据表 2-3 资料建立客户分类体系。

表 2-3

客户分类

类别编码	类别名称	类别编码	类别名称
1	工业企业	2	其他行业

11. 建立客户档案(2 分)

根据表 2-4 资料建立客户档案。

表 2-4

客户档案

客户编码	客户名称	简称	所属分类码	银行账号	地址	电话	分管部门	业务员
11	北方集团	北方	1	089-3191032	朝阳区左家庄 1 里甲 9 号	010-65412369	业务部	陈明辉

12. 建立供应商分类体系(3 分)

根据表 2-5 资料建立供应商分类体系。

表 2-5

供应商分类

类别编码	类别名称	类别编码	类别名称	类别编码	类别名称
01	工业企业	02	商业企业	03	其他企业

13. 建立供应商档案(2 分)

(1) 供应商编码:001。

(2) 供应商名称:金城集团。

(3) 供应商简称:金城。

(4) 所属分类码:03。

(5) 银行账号:072-7412056-11。

(6) 地址：劲松路甲 17 号。

(7) 电话：010-85236985。

14. 建立地区分类体系（2 分）

根据表 2-6 资料建立地区分类体系。

表 2-6

地 区 分 类

类别编码	类别名称	类别编码	类别名称
01	本地	01001	东城区

15. 增加会计科目（10 分）

根据表 2-7 资料增加会计科目。

表 2-7

增加的会计科目

科目编码	科目名称	助记码	账页格式	辅助核算	计量单位
100201	工行存款	GHCK	金额式	日记账 / 银行账	
100202	中行存款	ZHCK	金额式	日记账 / 银行账	
140301	A101	YCLA101	数量金额式	数量核算	吨
222101	应交增值税	YJZZS	金额式		
22210101	进项税额	JXSE	金额式		
22210102	销项税额	XXSE	金额式		
560201	差旅费	CLF	金额式	个人往来	
560202	折旧费用	ZJFY	金额式		
560203	工资费用	GZFY	金额式		
560108	折旧费用	ZJFY	金额式		

16. 修改会计科目（4 分）

根据表 2-8 资料修改有关会计科目。

表 2-8

修改的会计科目

科目编码	科目名称	助记码	账页格式	辅助核算	计量单位
1001	库存现金	KCXJ		日记账	
1122	应收账款	YSZK		客户往来	
1221	其他应收款	QTYSK		个人往来	
2202	应付账款	YFZK		供应商往来	

17. 删除会计科目(2 分)

删除“1403 原材料”科目下“140301 A101”科目。

18. 指定出纳管理会计科目(2 分)

(1) 现金总账科目:库存现金(1001)。

(2) 银行总账科目:银行存款(1002)。

19. 设置凭证类型(3 分)

根据表 2–9 资料设置凭证类型。

表 2–9

凭 证 类 型

类别名称	限制类型	限制科目
收款凭证	借方必有	1001,1002
付款凭证	贷方必有	1001,1002
转账凭证	凭证必无	1001,1002

20. 设置结算方式(6 分)

根据表 2–10 资料设置结算方式。

表 2–10

结 算 方 式

类别编码	类别名称	票据管理方式(是 / 否)	类别编码	类别名称	票据管理方式(是 / 否)
1	现金		3	商业汇票	
2	支票		4	银行汇票	
21	现金支票				
22	转账支票	是			

训练结果

将本训练的账套数据进行备份。备份路径自定。

训练 2.4 设置工资和固定资产系统基础信息

训练准备

完成训练 2.3,或引入训练 2.3 账套数据。

训练项目

进入 130 账套,完成以下操作。

21. 设置工资核算的人员类别(4 分)

设置工资核算的人员类别:经营管理人员、技术人员、业务管理人员和销售人员。

22. 设置工资核算项目(10 分)

根据表 2–11 资料设置工资核算项目。

表 2–11

工资项目一览表

工资项目名称	类型	长度	小数	增减项
基本工资	数字	10	2	增项
岗位工资	数字	10	2	增项
请假天数	数字	3	0	其他
请假扣款	数字	8	2	减项
社会保险费	数字	8	2	减项

23. 设置代发工资结算银行(2 分)

(1) 开户行:中国工商银行。

(2) 账号定长:11。

24. 设置人员档案(10 分)

根据表 2–12 设置人员档案。

表 2–12

人员档案表

人员编号	人员姓名	部门名称	人员类别	计税(是 / 否)	银行名称	银行账号	人员属性
101	孙佑良	总经理办公室	经营管理人员	是	中国工商银行	11022304001	中方
201	洪　敏	财务部	业务管理人员	是	中国工商银行	11022304002	中方
202	李立军	财务部	业务管理人员	是	中国工商银行	11022304003	中方
301	陈明辉	业务部	业务管理人员	是	中国工商银行	11022304004	中方
302	张　民	业务部	销售人员	是	中国工商银行	11022304005	中方

25. 设置工资计算公式(6 分)

根据表 2–13 资料设置工资计算公式。

表 2–13

计算公式一览表

工资项目	计算公式
请假扣款	请假天数 ×20
岗位工资	**描述：**经营管理人员的岗位工资 5 000.00 元，业务管理人员及技术人员的岗位工资 4 000.00 元，销售人员岗位工资 3 800.00 元 **参考公式如下：** iff(人员类别 = "经营管理人员",5 000,iff(人员类别 = "销售人员",3 800,4 000))
社会保险费	(基本工资 + 岗位工资)×0.11
实发合计	基本工资 + 岗位工资 – 请假扣款 – 社会保险费

26. 设置固定资产类别(8 分)

根据表 2–14 资料设置固定资产类别。

表 2–14

固定资产类别

类别编码	类别名称	计提属性	净残值率	折旧方法	卡片式样
01	交通运输设备	正常计提	5%	平均年限法(一)	通用
011	非经营用	正常计提	5%	平均年限法(一)	通用
02	电子设备及其他通信设备	正常计提	4%	平均年限法(一)	通用
021	经营用	正常计提	4%	平均年限法(一)	通用

27. 设置固定资产管理部门及其对应折旧科目(6 分)

根据表 2–15 资料设置固定资产管理部门及其对应折旧科目。

表 2–15

固定资产管理部门及其对应折旧科目

部门名称	对应折旧科目	部门名称	对应折旧科目
总经理办公室	560202 折旧费用	业务部	560108 折旧费用
财务部	560202 折旧费用		

28. 设置固定资产的增减方式及其对应入账科目(4 分)

根据表 2–16 资料设置固定资产的增减方式及其对应入账科目。

表 2–16

固定资产增减方式及其对应入账科目

增加方式	对应科目	减少方式	对应科目
直接购入	100201 工行存款	毁损	1606 固定资产清理

训练结果

将本训练的账套数据进行备份。备份路径自定。

训练 2.5　录入期初数据

训练准备

完成训练 2.4,或引入训练 2.4 账套数据。

训练项目

进入 130 账套,完成以下操作。

29. 录入总账期初余额(9 分)

根据表 2-17 期初余额资料录入总账期初余额。

表 2-17

期初余额表

科目编码	科目名称	辅助核算	计量单位	账页格式	方向	期初余额
1001	库存现金	日记账		金额式	借	4 000.00
100201	工行存款	日记账		金额式	借	495 000.00
1122	应收账款	客户往来		金额式	借	250 000.00
1221	其他应收款	个人往来		金额式	借	1 000.00
1601	固定资产			金额式	借	35 390.00
1602	累计折旧			金额式	贷	462.40
2202	应付账款	供应商往来		金额式	贷	90 000.00
3001	实收资本			金额式	贷	500 000.00
3103	本年利润			金额式	贷	194 927.60

其中,应收账款期初余额基本信息(见表 2-18)。(2 分)

表 2-18

应收账款期初余额

日期	凭证号	客户	摘要	金额	业务员	票号	票据日期
2016-07-03	转 0311	北方集团	应收货款	250 000.00	陈明辉	1001	2016-07-03

其他应收款期初余额基本信息(见表 2-19)。(2 分)

表 2-19

其他应收款期初余额

日期	凭证号	部门	个人姓名	摘要	金额
2016-11-11	付 0249	业务部	张　民	出差借款	1 000.00

应付账款期初余额基本信息(见表 2-20)。(2 分)

表 2-20

应付账款期初余额

日期	凭证号	供应商	摘要	金额	业务员	票号	票据日期
2016-11-03	转 0811	金城集团	应付货款	90 000.00	陈明辉	1451	2016-11-03

30. 录入工资固定数据(5 分)

根据表 2-21 资料录入工资固定数据。

表 2-21

工资固定数据

人员编号	人员姓名	基本工资	人员编号	人员姓名	基本工资
101	孙佑良	5 000	301	陈明辉	4 000
201	洪　敏	3 800	302	张　民	3 000
202	李立军	3 800			

31. 录入固定资产原始卡片(4 分)

根据表 2-22 资料录入固定资产原始卡片。

表 2-22

固定资产资料

固定资产编号	固定资产名称	类别编号	所在部门	增加方式	使用年限	开始使用日期	已提折旧月数	原值	累计折旧	对应折旧科目名称
021001	投影仪	经营用	财务部	直接购入	5	2016-11-01	1	27 000.00	450.00	560202 折旧费用
021002	微机	经营用	财务部	直接购入	7	2016-12-01	0	6 490.00		560202 折旧费用

注:使用状况均为“在用”。

训练结果

将本训练的账套数据进行备份。备份路径自定。

训练 2.6　日常业务处理

训练准备

完成训练 2.5，或引入训练 2.5 的账套数据。

训练项目

进入 130 账套，完成以下操作。

32. 填制凭证（30 分）

根据下列资料填制相应的记账凭证：

12 月 10 日，业务部业务员张民从金城集团购入原材料 100 吨，单价 1 250.00 元，税款计 21 250.00 元[1]。款项均已用工行存款付讫，材料已验收入库（材料按实际成本计价，附单据 3 张，转账支票号为 4321）。

12 月 11 日，财务部洪敏从工行提取现金 45 000.00 元（附单据 1 张，现金支票号为 1234）。

12 月 11 日，用现金发放职工工资 38 000.00 元。

12 月 13 日，收到中美集团投资 100 000.00 元（附单据 2 张，银行汇票号为 4567），存入工行存款户。

12 月 15 日，业务部业务员张民报销差旅费 1 400.00 元[2]，用现金支付。

12 月 15 日，业务部陈明辉收到北方集团转来的转账支票，归还前欠货款 250 000.00 元（附单据 1 张，支票号为 5678），存入工行存款户。

12 月 25 日，根据发出材料汇总表，本月生产产品领用原材料 80 吨，单价 1 250.00 元（附单据 1 张）。

12 月 29 日，本月产品生产全部完工，数量 10 台，单位成本 10 000.00 元。

12 月 30 日，业务部陈明辉向北方集团售出产品 10 台，货款 200 000.00 元，增值税税额 34 000.00 元，尚未收到货款（附单据 2 张，发票号为 0321）。

12 月 31 日，业务部业务员张民用工行存款归还金城集团货款 90 000.00 元（附单据 2 张，转账支票号为 4322）。

12 月 31 日，计算结转已售出 10 台产品的生产成本，单价 10 000.00 元。

12 月 31 日，进行期间损益结转。

33. 查询凭证（2 分）

查询 2016 年 12 月未记账凭证。

34. 查询修改凭证（2 分）

找到“付－0003”凭证，将报销差旅费的金额“1 400.00”改为“1 600.00”。

35. 作废与删除凭证（2 分）

将“付－0004”凭证打上“作废”标记，并加以删除。

36. 查看科目汇总表（2 分）

---

① 自2019年4月1日起，制造业等行业增值税一般纳税人的适用税率为13%。

② 自2019年4月1日起，增值税一般纳税人购进国内旅客运输服务，其进项税额允许从销项税额中抵扣。

查询 2016 年 12 月的未记账科目汇总表，进一步定位查询“1122 应收账款”科目汇总情况以及查询该科目专项明细。

37. 修改工资数据(2 分)

使用工资界面的“替换”功能，将人员类别为“经营管理人员”或“业务管理人员”的员工的基本工资每人增加 500.00 元。

38. 固定资产系统计提本月折旧并生成记账凭证。(2 分)

训练结果

将本训练的账套数据进行备份。备份路径自定。

训练 2.7　审核与记账

训练准备

完成训练 2.6，或引入训练 2.6 的账套数据。

训练项目

39. 审核凭证(4 分)

(1) 进入 130 账套，对所有凭证进行审核签字。

(2) 进入 130 账套，对全部符合条件的凭证进行出纳签字。

40. 登记账簿(2 分)

进入 130 账套，对已审核的凭证进行记账处理。

训练结果

将本训练的账套数据进行备份。备份路径自定。

训练 2.8　出纳、工资和固定资产账表管理

训练准备

完成训练 2.7，或引入训练 2.7 的账套数据。

训练项目

41. 查询日记账(2 分)

进入 130 账套，查询 2016 年 12 月银行存款日记账，并进一步联查 12 月 31 日“付-0004”凭证及银行存款总账。

42. 查看工资发放签名表(2 分)

进入 130 账套，查询 2016 年 12 月要打印的工资发放签名表。

43. 查询固定资产卡片(2 分)

进入 130 账套，查询 2016 年 12 月固定资产卡片。

44. 查询资金日报表（2 分）

进入 130 账套，查询 2016 年 12 月 15 日资金日报表，并进一步联查“昨日”余额。

45. 查询三栏式总账（2 分）

进入 130 账套，查询 2016 年 12 月三栏式总账，并进一步联查“1122 应收账款”及其明细账，在此基础上再联查“收－0002”凭证。

46. 查询发生额及余额表（2 分）

进入 130 账套，查询 2016 年 12 月已记账总账科目的发生额及余额表；定位查询“1221 其他应收款”科目余额表及专项查询该明细账；过滤查询“1122 应收账款”余额表。

47. 查询多栏式明细账（2 分）

进入 130 账套，定义管理费用多栏式明细账格式；查询 2016 年 12 月管理费用多栏式明细账。

训练结果

将本训练的账套数据进行备份。备份路径自定。

训练 2.9　银行对账和总账系统月末结账

训练准备

完成训练 2.8，或引入训练 2.8 的账套数据。

训练项目

进入 130 账套，完成以下操作。

48. 录入银行对账期初数据（2 分）

(1) 账户为 100201 工行存款。

(2) 单位银行存款日记账和银行对账单期初数据均为 495 000.00 元。

(3) 期初无未达账项。

49. 录入银行对账单（8 分）

2016 年 12 月工行存款对账单基本信息（见表 2–23）。

表 2–23

银行对账单

日期	结算方式	票号	借方金额	贷方金额
2016–12–10	22	4321		145 400.00
2016–12–11	21	1234		45 000.00
2016–12–13	4	4567	100 000.00	
2016–12–15	22	5678	250 000.00	

50. 对账处理(2 分)

进行 2016 年 12 月“工行存款”科目对账处理。

51. 输出银行存款余额调节表(2 分)

查询银行对账单及单位银行存款日记账勾对情况,并输出银行存款余额调节表。

52. 对账(4 分)

完成 2016 年 12 月的对账及试算平衡工作。

53. 结账(2 分)

完成 2016 年 12 月总账系统的结账工作。

训练结果

将本训练的账套数据进行备份。备份路径自定。

训练 2.10 编制财务报表

训练准备

完成训练 2.9,或引入训练 2.9 的账套数据。

训练项目

启用并注册 130 账套财务报表系统,完成以下操作。

54. 财务报表数据处理生成报表

(1) 调用“利润表”模板(存放路径:C:\我的文档),并给利润表工作簿插入 1 张表页,然后再追加 2 张表页。(2 分)

(2) 给利润表录入关键字。基本资料如下:(3 分)

- 单位名称:速运公司;
- 年:2016;
- 月:12。

(3) 生成速运公司 2016 年 12 月利润表。(4 分)

55. 创建新表(0 分)

56. 报表格式设计

(1) 设置表尺寸。自定义货币资金表格式,并予以保存(文件命名为:货币资金表,存放路径:C:\我的文档)。具体表尺寸如下:(3 分)

- 表尺寸:7 行 4 列;
- 表头:A1:D1,行高 7;A1:D1 合并单元格;
- 表体:A3:D6,网格线。

(2) 给货币资金表定义关键字。基本资料如下:(4 分)

- 关键字:在 A2 单元格定义“单位名称”关键字,在 B2 单元格定义“年”关键字;在 C2 单元格定义“月”关键字;

• 月偏移量:-40。

(3) 根据表 2-24 资料录入货币资金表的项目内容。(10 分)

表 2-24

货币资金表项目

	A	B	C	D
1	货币资金表			单位:元
2				
3	项目	行次	期初数	期末数
4	库存现金	1		
5	银行存款	2		
6	合计	3		
7	制表人:			

57. 报表公式设计

(1) 根据表 2-25 资料为货币资金表定义计算公式。(12 分)

表 2-25

货币资金表计算公式

单元格	公式	单元格	公式
C4	QC(“1001”,月,,,2016,,,,,,)	D4	QM(“1001”,月,,,2016,,,,,,)
C5	QC(“1002”,月,,,2016,,,,,,)	D5	QM(“1002”,月,,,2016,,,,,,)
C6	C4+C5	D6	D4+D5

(2) 定义审核公式。(4 分)

C6=C4+C5　MESS“期初货币资金总额合计数<>期初库存现金及银行存款合计数”

D6=D4+D5　MESS“期末货币资金总额合计数<>期末库存现金及银行存款合计数”

(3) 将货币资金表生成速运公司的常用报表。(2 分)

(4) 生成常用报表模板(存放路径:C:\我的文档)。(2 分)

(5) 利用“货币资金表”模板,生成 2016 年 12 月 31 日的货币资金表。(2 分)

(6) 审核佳和公司 2016 年 12 月 31 日的货币资金表。(2 分)

第 3 部分　综合操作技能训练

本部分的训练题改编于财务软件应用工程师认证考试中的上机操作题，旨在强化财务软件中两个及两个以上软件功能的联动操作技能。其做法是：每完成一个训练，都需要将此时的账套数据进行备份，作为下一个训练的预备数据；教师可不对操作过程进行评判，但必须对操作结果及扮演的操作员角色进行打分。

训练3.1 创建新账套

训练目的

通过本次上机训练,充分理解财务软件中系统管理和基础信息设置的作用,掌握账套管理和基础信息设置操作技能。

训练资料

(1) 2017 年 1 月 3 日,以系统管理员 admin(无口令)的身份登录系统管理。

(2) 按表 3–1 的资料设置用户。

表 3–1

用户信息

编号	姓名	口令	所属部门
KJ1	李 菁	123456	财务部
KJ2	王玉娇	123456	财务部

(3) 创建 123 账套,单位名称“北京跃东股份有限公司”(简称“跃东公司”),启用会计日期“2017 年 1 月”。

(4) 单位地址:北京市朝阳区建国路甲 3 号;法定代表人:王跃东。

(5) 记账本位币为“人民币(RMB)”,企业类型为“工业”,执行“小企业会计准则(2013 年)”,账套主管是“KJ1 李菁”,按行业性质预置会计科目。

(6) 不要求进行外币核算;对经济业务处理时,需对客户、供应商进行分类,不对存货进行分类。

(7) 分类编码方案是:科目编码级次“4222”,客户和供应商分类编码级次“112”,部门编码级次“111”,其余采用系统默认值。

(8) 对数量、单价等核算时,小数位均定为 2。分别启用总账、工资和固定资产三个子系统,启用日期均为“2017 年 1 月 1 日”。

(9) 将 123 账套修改为不需对“供应商进行分类”的账套。

(10) 将 123 账套数据备份到“我的文档”中的“账套备份”文件夹中。

(11) 将已备份到“我的文档”/“账套备份”文件夹中的 123 账套数据恢复到硬盘中。

(12) 增加操作员王玉娇拥有 123 账套“公用目录设置”和“总账”的操作权限。

(13) 取消操作员王玉娇 123 账套的“结账”(GL1512)权限。

训练要求

(1) 软件启动。

(2) 建立新账套。

(3) 设置操作员及权限。

(4) 设置公用基础信息。

(5) 备份与恢复账套数据。

训练结果

输出 123 账套,保存到“123 账套备份”文件夹中。

训练 3.2　设置基础档案

训练目的

通过本次上机训练,正确理解设置核算企业基础档案的重要性,掌握核算企业基础档案设置的操作技能。

训练资料

(1) 123 账套的部门档案(见表 3-2)。

表 3-2

部 门 档 案

部门编码	部门名称	部门编码	部门名称
1	行政部	3	市场部
2	财务部	4	开发部

(2) 123 账套的部分职员档案(见表 3-3)。

表 3-3

职 员 档 案

职员编号	职员名称	所属部门	职员编号	职员名称	所属部门
00001	李俊琦	行政部	00005	赵鹏飞	市场部
00002	李　菁	财务部	00006	方宏亮	开发部
00003	王玉娇	财务部	00007	杨晶晶	开发部
00004	孟欣然	市场部			

(3) 123 账套的客户分类档案(见表 3-4)。

表 3–4

客 户 分 类

类别编码	类别名称	类别编码	类别名称
1	本地	2	外地

(4) 123 账套的部分客户档案(见表 3–5)。

表 3–5

客 户 档 案

客户编号	客户名称	客户简称	所属分类码
001	中兴有限公司	中兴公司	1
002	安达有限公司	安达公司	2

(5) 123 账套的部分供应商档案(见表 3–6)。

表 3–6

供应商档案

供应商编号	供应商名称	供应商简称	所属分类码
001	宏盛有限公司	宏盛公司	00
002	泰昌有限公司	泰昌公司	00

训练要求

(1) 设置部门档案。
(2) 设置职员档案。
(3) 设置客户分类档案。
(4) 设置客户档案。
(5) 设置供应商档案。

训练结果

输出 123 账套,保存到“123 账套备份”文件夹中。

训练 3.3 设置会计科目、凭证类别和结算方式

训练目的

通过本次上机训练,掌握会计科目、凭证类别和结算方式设置的操作技能。

训练资料

(1) 增加会计科目(见表 3–7)。

表 3-7

会 计 科 目

科目编码	科目名称	科目编码	科目名称
222101	应交增值税	560104	折旧费
22210101	进项税额	560105	差旅费
22210102	销项税额	560201	工资费用
560101	工资费用	560202	职工福利费
560102	办公费	560203	折旧费
560103	职工福利费		

(2) 将"1001 库存现金"科目改为有"日记账"核算要求的会计科目,将"1002 银行存款"科目改为有"日记账"和"银行账"核算要求的会计科目。

(3) 将"4403 机械作业"科目删除。

(4) 设置辅助核算类型(见表 3-8)。

表 3-8

辅助核算会计科目

科目编码	科目名称	辅助核算	科目编码	科目名称	辅助核算
1122	应收账款	客户往来	560101	工资费用	部门核算
1221	其他应收款	个人往来	560102	办公费	部门核算
2202	应付账款	供应商往来	560105	差旅费	部门核算

(5) 指定"1001 库存现金"为现金总账科目,指定"1002 银行存款"为银行总账科目。

(6) 设置凭证类别为"收款凭证""付款凭证"和"转账凭证"三类。其有关的限制内容,如表 3-9 所示。

表 3-9

凭 证 类 别

类别字	类别名称	限制类型	限制科目
收	收款凭证	借方必有	1001,1002
付	付款凭证	贷方必有	1001,1002
转	转账凭证	凭证必无	1001,1002

(7) 设置结算方式(见表 3-10)。

表 3-10

结 算 方 式

类别编码	类别名称	票据管理方式(是 / 否)	类别编码	类别名称	票据管理方式(是 / 否)
1	现金结算	否	3	转账支票	否
2	现金支票	否			

训练要求

(1) 增加会计科目。
(2) 修改会计科目。
(3) 删除会计科目。
(4) 设置会计科目辅助项目。
(5) 指定会计科目。
(6) 设置凭证类别。
(7) 设置结算方式。

训练结果

输出 123 账套,保存到“123 账套备份”文件夹中。

训练 3.4　录入总账系统期初余额

训练目的

通过本次上机训练,能够正确启用总账系统,独立完成期初余额的录入。

训练资料

(1) 在 2017 年 1 月 6 日登录注册总账系统 123 账套。

(2) 123 账套首次启用总账系统。将总账系统的参数设置为“不允许修改作废他人填制的凭证”。

(3) 2017 年 1 月,123 账套的基本科目的期初余额(见表 3–11)。

表 3–11

会计科目及期初余额表

科目名称	方向	期初余额	科目名称	方向	期初余额
库存现金	借	51 120.00	累计折旧	贷	789 250.00
银行存款	借	396 250.00	短期借款	贷	429 640.00
库存商品	借	198 500.00	长期借款	贷	660 000.00
固定资产	借	2 256 330.00	实收资本	贷	1 200 000.00

(4) “1221 其他应收款”科目的期初余额 4 000.00 元。其中,明细资料是:2016 年 11 月 19 日,财务部李菁出差借款(付款凭证 029)。

(5) “1122 应收账款”科目的期初余额 280 800.00 元。其中,明细资料是:2016 年 11 月 18 日,销售给中兴公司产品未收款(转账凭证 111 号)。

(6) “2202 应付账款”科目的期初余额 108 110.00 元。其中,明细资料是:2016 年 12 月 18 日,向宏盛公司采购材料的应付款(转账凭证 119 号)。

训练要求

(1) 登录 123 账套。

(2) 设置总账系统参数。

(3) 录入 123 账套的基本科目期初余额。

训练结果

输出 123 账套,保存到“123 账套备份”文件夹中。

训练 3.5 总账系统日常业务处理

训练目的

通过本次上机训练,进一步理解总账系统日常业务处理的流程及原理,掌握记账凭证处理及计算机记账操作技能。

训练资料

(1) 1 月 6 日,开出现金支票(No.3561),从银行提取现金 20 000.00 元。(附单据 1 张)

(2) 1 月 10 日,发生如下经济业务:

- 市场部孟欣然预借差旅费 3 000.00 元(单据共计 1 张),用现金支付。
- 收到中兴公司转账支票(No.3496),偿还前欠货款 280 800.00 元。
- 开出转账支票(No.5506)购买小型设备一台,价款共计 26 000.00 元。
- 开出转账支票(No.5507)支付市场部办公费 1 890.00 元。
- 用现金支付市场部办公费 60.00 元。
- 市场部赵鹏飞出差返回报销差旅费 1 609.00 元(无借款),用现金支付。

(3) 第 0003 号付款凭证中的(购买固定资产)金额应为“26 600.00”元,予以更正。

(4) 第 0005 号付款凭证支出不合理,予以删除。

(5) 查询 2017 年 1 月尚未记账的 0001 号付款凭证。

(6) 对记账凭证进行出纳签字与会计审核签字。

(7) 对 2017 年 1 月的记账凭证记账。

训练要求

(1) 由王玉娇(编号:KJ2;口令:123456),进入 123 账套进行填制记账凭证、出纳签字、凭证查询、凭证修改操作。

(2) 由李菁(编号:KJ1;口令:123456),对 123 账套 2017 年 1 月的记账凭证进行审核凭证、记账。

训练结果

输出 123 账套,保存到“123 账套备份”文件夹中。

训练 3.6 账 簿 管 理

训练目的

通过本次上机训练,掌握日记账、总账、明细账和多栏式明细账输出操作技能。

训练资料

(1) 查询“5601 销售费用”的总账余额(包含未记账凭证)。

(2) 查询包含未记账凭证的所有科目的余额表。

(3) 将 1 月所填制的记账凭证记账后,查询所有“5601”的明细账,并按科目排序。

(4) 查询“5601”多栏式明细账。

(5) 查询销售部“560102 销售费用(办公费)”的部门科目总账。

(6) 查询财务部李菁的个人借款余额。

训练要求

输出日记账、总账及余额表、明细账和多栏式明细账。

训练结果

(1) 输出全部科目的余额表(未结转)文件 xl3.6–yeb.xls,并与表 3–12 进行核对,看结果是否一致。

表 3–12

2017 年 1 月科目余额表(未结转)

科目名称	期初余额		本期发生额		期末余额	
	借方	贷方	借方	贷方	借方	贷方
库存现金	51 120.00		20 000.00	4 609.00	66 511.00	
银行存款	396 250.00		280 800.00	48 490.00	628 560.00	
应收账款	280 800.00			280 800.00		
其他应收款	4 000.00		3 000.00		7 000.00	
库存商品	198 500.00				198 500.00	
固定资产	2 256 330.00		26 600.00		2 282 930.00	
累计折旧		789 250.00				789 250.00
资产小计	3 187 000.00	789 250.00	330 400.00	333 899.00	3 183 501.00	789 250.00
短期借款		429 640.00				429 640.00

续表

科目名称	期初余额		本期发生额		期末余额	
	借方	贷方	借方	贷方	借方	贷方
应付账款		108 110.00				108 110.00
长期借款		660 000.00				660 000.00
负债小计		1 197 750.00				1 197 750.00
实收资本		1 200 000.00				1 200 000.00
权益小计		1 200 000.00				1 200 000.00
销售费用 / 办公费			1 890.00		1 890.00	
销售费用 / 差旅费			1 609.00		1 609.00	
损益小计			3 499.00		3 499.00	
合计	3 187 000.00	3 187 000.00	333 899.00	333 899.00	3 187 000.00	3 187 000.00

(2) 输出 123 账套,保存到“123 账套备份”文件夹中。

训练 3.7 银行对账

训练目的

通过本次上机训练,进一步理解银行对账的流程及原理,掌握将企业的银行存款日记账和银行出具的对账单进行核对的操作技能。

训练资料

(1)“银行对账”功能的启用日期为:2017 年 1 月 1 日。截至 2016 年 12 月 31 日,银行日记账最后一次银行对账期末余额为 396 250.00 元,银行对账单最后一次银行对账期末余额为 396 250.00 元,均没有期初未达账项。

(2) 开户银行打印出来的对账单(见表 3-13)。

表 3-13

银行对账单

日期	摘要	结算方式	票号	借方	贷方	方向	余额
2017-01-06	提现	2	3561		20 000.00	借	376 250.00
2017-01-10	收款	3	3496	280 800.00		借	657 050.00
2017-01-10	付款	3	5506		26 600.00	借	630 450.00
2017-01-10	付款	3	5507		1 890.00	借	628 560.00

训练要求

(1) 做好对账前的准备。

(2) 完成计算机自动对账或手工对账。

(3) 处理对账结果。

训练结果

(1) 输出银行存款余额调节表 xl3.7-tjb.xls，并与表 3-14 进行核对，看结果是否一致。

表 3-14

银行存款余额调节表

银行科目(账户)	对账截止日期	单位账账面余额	对账单账面余额	调整后存款余额
银行存款(1002)	2017.01.10	628 560.00	628 560.00	628 560.00

(2) 输出 123 账套，保存到"123 账套备份"文件夹中。

训练 3.8　自 动 转 账

训练目的

通过本次上机训练，进一步理解自动转账的流程、原理及作用，掌握各类自动转账分录的设置、机制凭证的生成操作技能。

训练资料

(1) 按期初"短期借款"科目余额的 5%计提 1 月应付利息，利息费用计入财务费用。具体信息如表 3-15 所示。

表 3-15

自动转账凭证定义信息

转账序号	转账说明	凭证类别	会计科目	方向	公式
0001	计提应付利息	转账凭证	560301	借	QC(2001,月,贷)*0.05
			2231	贷	JG(　)

(2) 将 1 月份的"4101 制造费用"本期发生额结转至"4001 生产成本"，系数为"1"。

(3) 将 1 月份的期间损益转入"本年利润"科目。

训练要求

(1) 由王玉娇(编号:KJ2;口令:123456)根据训练资料(1)设置自定义转账分录，并生成自动转账凭证。

(2) 由王玉娇(编号:KJ2;口令:123456)根据训练资料(2)设置对应结转凭证分录,并生成自动转账凭证。

(3) 由王玉娇(编号:KJ2;口令:123456)根据训练资料(3)对月末期间损益结转凭证分录进行设置,并生成自动转账凭证。

(4) 由李菁(编号:KJ1;口令:123456)对上述凭证进行审核与记账。

训练结果

(1) 输出所有的机制凭证文件 xl3.8-jzpz.xls,并与表 3-16 进行核对,看结果是否一致。

表 3-16

机制凭证一览表

日期	类型	摘要	科目	科目名称	借方	贷方
2017-01-31	转-1	计提应计利息	560301	财务费用 / 利息费用	21 482.00	
			2231	应付利息		21 482.00
2017-01-31	转-2	期间损益结转	3103	本年利润	24 981.00	
			560102	销售费用 / 办公费		1 890.00
			560105	销售费用 / 差旅费		1 609.00
			560301	财务费用 / 利息费用		21 482.00

(2) 输出 123 账套,保存到“123 账套备份”文件夹中。

训练 3.9 结　　账

训练目的

通过本次上机训练,进一步理解结账原理,掌握月末结账的操作技能。

训练资料

(1) 对 123 账套进行 2017 年 1 月对账的操作。

(2) 了解结账功能,暂不进行结账处理。注:结账工作需在完成训练 3.15,以及将工资系统和固定资产系统生成的记账凭证进行审核、记账后,才能进行。

训练要求

完成对账工作。

训练结果

(1) 输出全部科目的余额表(已结账)文件 xl3.9-yeb.xls,并与表 3-17 进行核对,看结果是否一致。如果结果不一致如何处理?

表 3-17

科目余额表(已结账)

科目名称	期初余额		本期发生额		期末余额	
	借方	贷方	借方	贷方	借方	贷方
库存现金	51 120.00		20 000.00	4 609.00	66 511.00	
银行存款	396 250.00		280 800.00	48 490.00	628 560.00	
应收账款	280 800.00			280 800.00		
其他应收款	4 000.00		3 000.00		7 000.00	
库存商品	198 500.00				198 500.00	
固定资产	2 256 330.00		26 600.00		2 282 930.00	
累计折旧		789 250.00				789 250.00
资产小计	3 187 000.00	789 250.00	330 400.00	333 899.00	3 183 501.00	789 250.00
短期借款		429 640.00				429 640.00
应付账款		108 110.00				108 110.00
应付利息				21 482.00		21 482.00
长期借款		660 000.00				660 000.00
负债小计		1 197 750.00		21 482.00		1 219 232.00
实收资本		1 200 000.00				1 200 000.00
本年利润			24 981.00		24 981.00	
权益小计		1 200 000.00	24 981.00		24 981.00	1 200 000.00
销售费用 / 办公费			1 890.00	1 890.00		
销售费用 / 差旅费			1 609.00	1 609.00		
财务费用			21 482.00	21 482.00		
损益小计			24 981.00	24 981.00		
合计	3 187 000.00	3 187 000.00	380 362.00	380 362.00	3 208 482.00	3 208 482.00

(2) 输出 123 账套,保存到“123 账套备份”文件夹中。

训练 3.10　设计报表格式

训练目的

通过本次上机训练,进一步理解报表格式定义的流程,掌握使用财务报表系统定义报表表样的操作技能。

训练资料

(1) 2017 年 1 月 25 日，以李菁（编号：KJ1；口令：123456）的身份注册进入 123 账套，启动财务报表系统，并创建新表。

(2) 将报表设置为 21 行 6 列。

(3) 定义报表第 1 行行高为 8 mm；定义第 1 列（A 列）和第 4 列（D 列）列宽为 45 mm。

(4) 将 A3 : F21 画上网线。

(5) 将单元 A1 : F1 设置为组合单元。

(6) 依照表 3-18 样式录入表样文字。

表 3-18

报 表 样 式

	A	B	C	D	E	F
1	资产负债表（简表）					
2						
3	资产	期末余额	年初余额	负债及所有者权益	期末余额	年初余额
4	流动资产：			流动负债：		
5	货币资金			短期借款		
6	短期投资			应付账款		
7	应收账款			应付职工薪酬		
8	预付款项			应交税费		
9	其他应收款			应付利息		
10	存货			其他应付款		
11	流动资产合计			流动负债合计		
12	非流动资产：			非流动负债：		
13	固定资产			长期借款		
14	在建工程			非流动负债合计		
15	工程物资			负债合计		
16	固定资产清理			所有者权益：		
17	无形资产			实收资本		
18	长期待摊费用			资本公积		
19				未分配利润		
20	非流动资产合计			所有者权益合计		
21	资产总计			负债和所有者权益总计		

(7) 选择区域 B4 : C21 和 E4 : F21,设置其单元属性中的单元类型为数值,数字格式为逗号。

(8) 将“资产负债表”设置字体为楷体,字形为粗体,字号为 14,水平方向和垂直方向居中。

(9) 关键字设置:在 A2 单元中定义“单位名称”,在 C2 单元中定义“年”,在 D2 单元中定义“月”,在 E2 单元中定义“日”。

(10) 将关键字“月”和“日”分别向左偏移“10”个单位。

训练要求

(1) 设置报表尺寸。

(2) 定义报表的行高。

(3) 画表格线。

(4) 定义组合单元。

(5) 定义关键字。

(6) 录入标题及固定单元内容。

(7) 定义表尾。

(8) 设置版面。

训练结果

(1) 把报表命名为“资产负债表 1.rep”,保存到“123 账套备份”文件夹中。

(2) 输出 123 账套,保存到“123 账套备份”文件夹中。

训练 3.11 编辑报表公式

训练目的

通过本次上机训练,进一步理解自动编制报表的原理,掌握使用财务报表系统定义报表公式的操作技能。

训练资料

(1) 单元公式:

- 直接录入 C5 单元(即“货币资金”年初余额单元)的计算公式。
- 使用“函数向导”录入 B7 单元(即“应收账款”期末余额单元)公式。
- 设置“流动负债合计”期末余额的计算公式。

(2) 审核公式:资产总计的年初余额 = 负债及所有者权益总计的年初余额。即:C21=F21MESS“资产总计的年初余额<>负债及所有者权益总计的年初余额”。

训练要求

(1) 从“123 账套备份”文件夹中调用“资产负债表 1.rep”。

(2) 直接录入公式。

(3) 利用函数向导设置报表所有数据单元的计算公式。

(4) 定义"年初余额"的审核公式。

训练结果

(1) 把报表命名为"资产负债表 2.rep",保存到"123 账套备份"文件夹中。

(2) 输出 123 账套,保存到"123 账套备份"文件夹中。

训练 3.12　编 制 报 表

训练目的

通过本次上机训练,进一步理解自动编制报表的原理,掌握使用财务报表系统编制报表的操作技能。

训练资料

(1) 进入"资产负债表"数据状态。

(2) 录入关键字的内容。其中,单位名称为"北京跃东股份有限公司";时间:年为"2017 年",月为"1 月",日为"31 日"。

(3) 计算该公司 2017 年 1 月 31 日的"资产负债表"的数据。

训练要求

(1) 增加表页。

(2) 指定账套及会计期间。

(3) 录入关键字。

(4) 生成报表。

(5) 审核报表。

(6) 输出报表。

训练结果

(1) 把报表命名为"资产负债表 3.rep",保存到"123 账套备份"文件夹中。

(2) 输出 123 账套,保存到"123 账套备份"文件夹中。

训练 3.13　利用报表模板编制报表

训练目的

通过本次上机训练,掌握使用财务系统提供的报表模板编制报表的操作技能。

训练资料

调用“小企业会计准则(2013 年)”的“利润表”模板。

训练要求

(1) 调用报表模板。

(2) 调整标准报表模板。

(3) 保存新报表模板,生成报表。

训练结果

(1) 把报表命名为“利润表 .rep”,保存到“123 账套备份”文件夹中。

(2) 输出 123 账套,保存到“123 账套备份”文件夹中。

训练 3.14　职工薪酬核算

训练目的

通过本次上机训练,能够借助工资系统,按照软件操作规范和现行职工薪酬管理制度,将原始工资数据转化为工资信息资料,掌握工资系统的操作技能。

训练资料

(1) 2017 年 1 月 10 日,以李菁(编号:KJ1;口令:123456)的身份,注册进入 123 账套工资系统。

(2) 工资账套的启用日期为 2017.01.1。

(3) 该公司只有一个工资类别,在发放工资时需要从工资中代扣个人所得税,不进行扣零处理,人员编码长度为 5 位。

(4) 设置“学历”和“技术职称”两项人员附加信息。

(5) 设置人员类别为“管理人员”“技术人员”及“销售人员”。

(6) 设置工资项目(见表 3–19)。

表 3–19

工资项目信息

工资项目名称	类型	长度	小数	增减项
基本工资	数字	8	2	增项
职务工资	数字	8	2	增项
交通补贴	数字	8	2	增项
伙食补贴	数字	8	2	增项
奖金	数字	8	2	增项
应发工资	数字	10	2	增项
基本养老保险	数字	8	2	减项

续表

工资项目名称	类型	长度	小数	增减项
基本医疗保险	数字	8	2	减项
住房公积金	数字	8	2	减项
缺勤扣款	数字	8	2	减项
缺勤天数	数字	8	1	其他
税前工资	数字	8	2	增项
代扣税	数字	10	2	减项
扣款合计	数字	10	2	减项
实发合计	数字	10	2	增项

(7) 设置银行名称为“中国工商银行”。账号长度为“16”位,录入时自动带出的账号长度为“12”位。需要选择“账号定长”选项。

(8) 设置人员档案(见表 3-20)。采取批量增加方式,从职员档案中批量引入人员,并在此基础上修改、完善人员信息。

表 3-20

人 员 档 案

人员编号	人员姓名	部门名称	人员类别	学历	技术职称	代发工资的银行账号
00001	李俊琦	行政部	管理人员	大学	高级经济师	9558811010801001
00002	李　菁	财务部	管理人员	大学	高级会计师	9558811010801002
00003	王玉娇	财务部	管理人员	大学	会计师	9558811010801003
00004	孟欣然	市场部	销售人员	高职	经济师	9558811010801004
00005	赵鹏飞	市场部	销售人员	高职		9558811010801005
00006	方宏亮	开发部	技术人员	大学	高级工程师	9558811010801006
00007	杨晶晶	开发部	技术人员	硕士	工程师	9558811010801007

(9) 设置“职务工资”的计算公式:职务工资 =iff(人员类别 =“管理人员”,1 500,1 300)。该公式表示,人员类别是管理人员的职务工资是 1 500 元,其他类别人员的职务工资是 1 300 元;交通补贴每人每月 900 元,伙食补贴每人每月 300 元。

(10) 设置“应发工资”的计算公式:应发工资 = 基本工资 + 职务工资 + 交通补贴 + 伙食补贴 + 奖金。

(11) 每月按照基本工资的 8% 缴存基本养老保险,按基本工资的 2% 缴存基本医疗保险;按应发工资的 12% 计提住房公积金;缺勤扣款按“基本工资 /22 × 缺勤天数”计算。

(12) 设置“税前工资”的计算公式:税前工资 = 应发工资 – 基本养老保险 – 基本医疗保险 – 住房公积金 – 缺勤扣款。

(13) 设置“扣款合计”的计算公式:扣款合计 = 基本养老保险 + 基本医疗保险 + 住房公积金 + 缺勤扣款 + 代扣税。

(14) 设置“实发合计”的计算公式:实发合计 = 应发工资 – 扣款合计。

(15) 2017 年 1 月职工薪酬变动数据(见表 3-21)。

表 3-21

1 月份职工薪酬变动数据

人员编号	人员姓名	所属部门	人员类别	基本工资	奖金	缺勤天数
00001	李俊琦	行政部	管理人员	4 000	1 500	
00002	李　菁	财务部	管理人员	3 500	1 500	
00003	王玉娇	财务部	管理人员	2 800	1 600	
00004	孟欣然	市场部	销售人员	3 800	1 500	
00005	赵鹏飞	市场部	销售人员	3 600	1 500	
00006	方宏亮	开发部	技术人员	4 200	1 700	2
00007	杨晶晶	开发部	技术人员	4 000	1 700	

(16) 2017 年 1 月,123 账套中的工资按 3 500 元的费用扣除后计算个人所得税。注:扣缴个人所得税的“对应项目”选择“税前工资”。

(17) 123 账套中工资分摊的类型为“应付工资”。“应付工资”的分摊比例为 100%。应付工资分摊的设置内容如表 3-22 所示。

表 3-22

工资分摊设置内容

部门名称	人员类别	项目	借方科目	贷方科目
行政部	管理人员	应发工资	560201	221101
财务部	管理人员	应发工资	560201	221101
市场部	销售人员	应发工资	560101	221101
开发部	技术人员	应发工资	560201	221101

(18) 生成工资分摊的转账凭证。注:计提分配方式为“分配到部门”,选择“明细到工资项目”选项;生成凭证时选择“合并科目相同、辅助项相同的分录”选项。

(19) 月末处理时选择“奖金”和“缺勤天数”项目进行清零处理。

训练要求

(1) 创设工资核算账套。

(2) 设置各类别人员工资项目。

(3) 设置工资计算公式。

(4) 建立员工工资档案。

(5) 录入工资数据。

(6) 填报个人所得税申报表。

(7) 进行有关工资分摊。

(8) 月末处理。

训练结果

(1) 输出报表文件 xl3.14-gzb.xls,并与表 3-23 进行核对,看结果是否一致。

表 3–23

工资结算表

人员编号	人员姓名	基本工资	职务工资	交通补贴	伙食补贴	奖金	应发合计	基本养老保险
00001	李俊琦	4 000.00	1 500.00	900.00	300.00	1 500.00	8 200.00	320.00
00002	李　菁	3 500.00	1 500.00	900.00	300.00	1 500.00	7 700.00	280.00
00003	王玉娇	2 800.00	1 500.00	900.00	300.00	1 600.00	7 100.00	224.00
00004	孟欣然	3 800.00	1 300.00	900.00	300.00	1 500.00	7 800.00	304.00
00005	赵鹏飞	3 600.00	1 300.00	900.00	300.00	1 500.00	7 600.00	288.00
00006	方宏亮	4 200.00	1 300.00	900.00	300.00	1 700.00	8 400.00	336.00
00007	杨晶晶	4 000.00	1 300.00	900.00	300.00	1 700.00	8 200.00	320.00
合计		25 900.00	9 700.00	6 300.00	2 100.00	11 000.00	55 000.00	2 072.00

人员编号	人员姓名	基本医疗保险	住房公积金	缺勤扣款	税前合计	代扣税	扣款合计	实发合计	缺勤天数
00001	李俊琦	80.00	984.00		6 816.00	226.60	1 610.60	6 589.40	
00002	李　菁	70.00	924.00		6 426.00	187.60	1 461.60	6 238.40	
00003	王玉娇	56.00	852.00		5 968.00	141.80	1 273.80	5 826.20	
00004	孟欣然	76.00	936.00		6 484.00	193.40	1 509.40	6 290.60	
00005	赵鹏飞	72.00	912.00		6 328.00	177.80	1 449.80	6 150.20	
00006	方宏亮	84.00	1 008.00	381.82	6 590.18	204.02	2 013.84	6 386.16	2
00007	杨晶晶	80.00	984.00		6 816.00	226.60	1 610.60	6 589.40	
合计		518.00	6 600.00	381.82	45 428.18	1 357.82	10 929.64	44 070.36	2

(2) 输出 123 账套,保存到“123 账套备份”文件夹中。

训练 3.15 固定资产核算

训练目的

通过本次上机训练,能够借助固定资产系统,按照软件操作规范和固定资产管理制度,将原始的固定资产数据转化为固定资产信息资料,掌握固定资产系统的操作技能。

训练资料

(1) 以李菁(编号:KJ1;口令:123456)的身份在 2017 年 1 月 8 日登录注册 123 账套固定资产系统,并建立固定资产账套。固定资产账套的启用月份为“2017 年 1 月”;固定资产折旧采用“平均年限法(一),按月计提折旧”,折旧汇总分配周期为“1 个月”;当(月初已计提折旧月份 = 可使用月份 - 1)时,要求将剩余折旧全部提足。固定资产类别编码长度为“2-1-1-2”,固定资产采用“自动编码”,编码方式为按“类别编号 + 序号”;序号长度为“5”。固定资产系统要求与总账系统进行对账;固定资产对账科目为“1601,固定资产”,累计折旧对账科目为“1602,累计折旧”;对账不平的情况下不允许结账。

(2) 设置 123 账套固定资产管理部门及其对应折旧科目(见表 3-24)。

表 3-24

固定资产管理部门及其对应折旧科目

部门名称	折旧科目	部门名称	折旧科目
行政部	管理费用 / 折旧费(560203)	市场部	销售费用 / 折旧费(560104)
财务部	管理费用 / 折旧费(560203)	开发部	管理费用 / 折旧费(560203)

(3) 设置 123 账套固定资产类别(见表 3-25)。

表 3-25

固定资产类别

类别编码	类别名称	使用年限	净残值率	计提属性	卡片样式
01	房屋及建筑物	50	2%	正常计提	通用样式
02	设备			正常计提	通用样式
021	办公设备	5	2%	正常计提	通用样式
022	运输设备	15	2%	正常计提	通用样式

(4) 设置 123 账套固定资产的增减方式(见表 3-26)。

表 3-26

固定资产的增减方式

增加方式	对应入账科目	减少方式	对应入账科目
直接购入	银行存款(1002)	出售	固定资产清理(1606)

续表

增加方式	对应入账科目	减少方式	对应入账科目
投资者投入	实收资本(3001)	投资转出	长期股权投资(1511)
在建工程转入	在建工程(1604)	报废	固定资产清理(1606)

(5) 录入 123 账套固定资产的原始数据如表 3-27 所示。

表 3-27

固定资产原始数据

卡片编号	00001	00002
固定资产编号	0100001	02200001
固定资产名称	房屋及建筑物	货车
类别编号	01	022
类别名称	房屋及建筑物	运输设备
部门名称	行政部	市场部
增加方式	在建工程转入	直接购入
使用状况	在用	在用
使用年限	50 年	15 年
开始使用日期	2001 年 3 月 1 日	2008 年 5 月 8 日
币种	人民币	人民币
原值	1 832 930.00	450 000.00
净残值率	2%	2%
累计折旧	699 250.00	90 000.00
对应折旧科目	管理费用 / 折旧费(560203)	销售费用 / 折旧费(560104)

(6) 2017 年 1 月 22 日,财务部直接购入一台计算机,价值 17 800.00 元(暂不考虑增值税问题),预计使用年限为 5 年,预计净残值率为 3%,采用年数总和法计提折旧。

训练要求

(1) 启用固定资产系统。
(2) 设置固定资产基础数据。
(3) 录入固定资产原始卡片。
(4) 登记固定资产增减变动情况。
(5) 计提固定资产折旧。
(6) 制成相应的记账凭证。
(7) 与总账系统固定资产变动业务凭证进行核对。
(8) 进行固定资产对账和月末结账操作。

训练结果

(1) 输出报表文件 xl3.15-gdzctj.xls,并与表 3-28 进行核对,结果是否一致。
(2) 输出 123 账套,保存到“123 账套备份”文件夹中。

表 3–28

固定资产统计表

部门名称	资产类别	数量	使用年限	计量单位	原值	累计折旧	净值	新旧程度（%）	净残值	本月折旧
行政部（1）		1			1 832 930.00	703 182.69	1 130 747.31	61.69	36 658.60	2 932.69
	房屋及建筑物（01）	1	50		1 832 930.00	703 182.69	1 130 747.31	61.69	36 658.60	2 932.69
财务部（2）		1			17 800.00		17 800.00	100.00	534.00	
	设备（02）	1			17 800.00		17 800.00	100.00	534.00	
市场部（3）		1			450 000.00	92 430.00	357 570.00	79.46	9 000.00	2 430.00
	设备（02）	1			450 000.00	92 430.00	357 570.00	79.46	9 000.00	2 430.00
合计		1			2 300 730.00	794 612.69	1 506 117.31	65.46	46 192.60	5 362.19

第 4 部分　全过程操作技能训练

本部分是由各省市会计电算化技能比赛样卷改编而成的，是以畅捷通 T3 版软件为蓝本，进行会计信息系统的基础设置，以及总账系统、工资系统、固定资产系统、财务报表系统操作的上机训练。为方便教学，将其分成 10 个上机训练，由于数据之间前后联系，故需按顺序进行操作。

训练 4.1　创建新账套

训练资料

1. 增加操作员

增加操作员(见表 4–1)。

表 4–1

操作员一览表

职员编号及口令	姓名	所属部门	职员编号及口令	姓名	所属部门
101	王建平	财务科	103	钱又多	财务科
102	周洪雷	财务科			

2. 新建账套

(1) 账套信息。

- 账套号:001;
- 账套名称:北京顺达科技有限公司;
- 账套路径:C:\UFSMART\admin\;
- 启用会计期:2017 年 1 月。

(2) 单位信息。

- 单位名称:北京顺达科技有限公司;
- 单位简称:北京顺达;
- 单位地址:北京市解放路甲 108 号;
- 法定代表人:万顺达;
- 邮政编码:100050;
- 联系电话及传真:010–87422367;
- 电子邮箱:BJHD99@163.com;
- 纳税人识别号:110109211811023。

(3) 核算类型信息。

- 本位币代码:RMB;
- 本位币名称:人民币;
- 企业类型:工业;
- 行业性质:小企业会计准则(2013 年);
- 账套主管:王建平;
- 按行业性质预置会计科目。

(4) 基础信息。

- 存货及供应商不分类;
- 进行客户分类;
- 无外币核算。

⑸ 业务流程：采用标准流程。

⑹ 编码方案。

- 科目编码：4-2-2-2；
- 客户分类编码：1-1-2；
- 部门编码：1-2；
- 结算方式编码：1-1；
- 其他编码项目保持不变。

⑺ 数据精度均默认为2位。

⑻ 总账、工资和固定资产3个系统的启用日期均为2017年1月1日。

3. 设置操作员权限

⑴ 设置操作员“王建平”，拥有001账套“账套主管”权限。

⑵ 设置操作员“周洪雷”，拥有001账套“公用目录设置”，“总账”中除了“审核”“恢复记账前状态”和“出纳签字”以外的所有权限，“固定资产管理”和“工资管理”权限。

⑶ 设置操作员“钱又多”，拥有001账套“现金管理”、总账中的“出纳签字”权限。

训练时间

45分钟。

训练指导

1. 启动系统管理

执行“开始”|“程序”|“T3-企业管理信息化软件教育专版”|“T3”|“系统管理”命令，进入“系统管理”窗口。

2. 注册系统管理

⑴ 以系统管理员admin（无密码）的身份注册进入系统管理。

⑵ 在“系统管理”窗口中，执行“系统”|“注册”命令，进入“注册〖控制台〗”窗口。

说明：

- 以系统管理员admin身份注册，系统默认密码为空。如要改动密码，可在“改密码”前打“√”，输入相应密码即可。

3. 设置操作员

初次进入系统管理时，必须以系统管理员的身份注册登记，才能进行操作员设置工作。

⑴ 执行“权限”|“操作员”命令，进入“操作员设置”窗口。

⑵ 单击“增加”按钮，打开“增加操作员”对话框，完成所有软件操作员的设置。

说明：

- 编号。即操作员的编号。必须输入且唯一。
- 姓名。即有权进入系统的人员名称。可以是真实姓名，也可以是代号，如有重名，必须加上区别标记。

- 口令。即操作员登录系统时的口令。
- 部门。即操作员所属的部门,可以为空。

4. 建立核算账套

在“系统管理”窗口中,执行“账套”|“建立”命令,开始创建账套。

(1) 录入账套信息。

说明:

- 已存账套。即系统内置的已存账套(如[999]演示账套),可参照选择,但不可修改。
- 账套号。即新建账套的编号,系统自动从“001”号开始给新建账套编号。每个账套只能用一个账套号表示,只能输入3个字符且不能重复。
- 账套名称。即给新建的账套起个名称,一般可用企业简称。
- 账套路径。即存放新建账套的路径,系统默认路径为“C:\UFSMART\admin”。建议初学者不要随意修改此路径。
- 启用会计期。即新建账套将被启用的核算日期,具体到“月”,系统默认设置计算机当前的机器时间。创建账套时务必调整好会计核算日期,一旦使用不能修改。

(2) 录入单位信息。

(3) 录入核算信息。

说明:

- 企业类型。一般地,需要处理受托代理业务的,选择商业类型;有材料出库和产品入库业务的,选择工业类型。
- 行业性质。软件内预置了工业、商业、行政、事业等几十个行业。系统按使用者所选择的行业性质预置会计科目。
- 账套主管。在此必须指定账套主管。
- 按行业性质预置科目。若想预置企业所属行业的标准一级科目,可在此项前打“√”。如果系统预置的科目体系不能满足要求,可以选取与要求最接近的某行业会计科目体系,然后对其进行修改。

(4) 录入单位基础信息选项。对单位的存货、客户、供应商等进行分类核算的项目进行设置。

(5) 设置业务流程。

(6) 确定分类编码方案。由于会计核算软件的各项数据都是采用分级核算,所以当进行系统初始化时,需要对会计科目、客户、地区、存货、部门、收发类别、结算方式、供应商等进行编码原则设置,以便对经济业务数据进行分级核算、统计和管理。

说明:

- 在此处务必确定好会计科目编码级次,否则会导致设置会计科目失败。

(7) 定义数据精度。如果需要进行数据核算,应根据对数量、单位等核算精度的不同要求,定义数量、单价等小数位。系统默认小数位均为 2,取值范围为 0~9。

说明:

- 存货数量小数位:适用于所有单据及账表中的存货数量。
- 存货单价小数位:适用于所有单据及账表存货的成本单价和账表中存货的单位销售成本。
- 开票单价小数位:适用于所有交易及账表中存货的开票单价,包括无税单价和含税单价。
- 件数小数位:适用于所有单据及账表的存货辅助计量单位数量。
- 换算率小数位:适用于所有单据及账表的存货辅助单位间的换算率。

(8) 创建账套成功。

(9) 启用系统。

5. 设置操作员权限

以系统管理员 admin(无密码)的身份注册系统管理,执行“权限”|“权限”命令,进入“操作员权限”设置窗口。

说明:

- 一般地,系统默认账套主管拥有全部权限。如果以“账套主管”身份登录,则不能指定新的账套主管。
- 所设置的操作员权限一旦被引用,便不能被修改或删除。
- 在“操作员权限”窗口中,左列表框中列示了系统中已安装的子系统,当双击某个子系统时,系统则自动将右列表中属于该子系统的明细权限全部选中,呈蓝色。如果需要撤销已选中的明细权限,则可以再重新双击该子系统(或明细权限),呈白色。

训练结果

将本训练的账套数据进行备份。备份路径自定。

训练 4.2　设置公共信息

训练资料

1. 设置部门档案

设置部门档案(见表 4–2)。

表 4–2

部 门 档 案

部门编码	部门名称	负责人	部门编码	部门名称	负责人
1	行政部	王清泉	2	销售部	张丽萍
101	财务科	王建平	3	生产部	杨明华
102	行政科	赵丽君			

2. 设置职员档案

设置职员档案(见表 4–3)。

表 4–3

职 员 档 案

职员编号	职员名称	所属部门编号	职员编号	职员名称	所属部门编号
101	王建平	101	106	王清泉	102
102	周洪雷	101	207	张丽萍	2
103	钱又多	101	208	李红梅	2
104	刘刚强	102	309	杨明华	3
105	赵丽君	102	310	尹大华	3

3. 定义结算方式

定义结算方式(见表 4–4)。

表 4–4

结 算 方 式

类别编码	类别名称	票据管理方式(是 / 否)	类别编码	类别名称	票据管理方式(是 / 否)
1	现金	否	21	现金支票	是
2	支票	是	22	转账支票	是

4. 设置开户银行

(1) 编号:1。

(2) 开户银行:中国工商银行。

(3) 银行账号:102002166013498686 72。

(4) 暂封标志:否。

5. 设置客户分类

设置客户分类(见表 4–5)。

表 4–5

客 户 分 类

类别编码	类别名称	类别编码	类别名称
1	本地	2	外地
11	朝阳区	21	广州
12	海淀区	22	河北

6. 设置客户档案

设置客户档案(见表 4–6)。

表 4–6

客 户 档 案

客户编号	客户名称	客户简称	客户所属分类
01	北京天意有限公司	北京天意	朝阳区
02	北京天诚国际公司	北京天诚	海淀区
03	广州信诚股份公司	广州信诚	广州
04	河北新加贸易公司	河北新加	河北

7. 增加供应商档案

增加供应商档案(见表 4–7)。

表 4–7

供应商档案

供应商编号	供应商名称	供应商简称	供应商编号	供应商名称	供应商简称
01	安阳科技有限公司	安阳科技	02	金亚国际商贸公司	金亚国际

训练时间

45 分钟。

训练指导

1. 建立部门档案

在畅捷通 T3 版软件主窗口中,执行“基础设置”|“机构设置”|“部门档案”命令,单击“增加”按钮,即可建立部门档案。

说明:

- 部门编码应符合编码原则。部门编码及其名称必须唯一。
- 在进行部门档案设置时,负责人可暂不录入。

2. 建立职员档案

在畅捷通 T3 版软件主窗口中,执行“基础设置”|“机构设置”|“职员档案”命令,进入“职员档案”窗口后,即可建立职员档案。

说明:

- 单击“增加”按钮(或按“Enter”键),表示保存。
- 录入职员档案完毕后,可返回到“部门档案”窗口中,执行“修改”功能补充负责人资料。

3. 设置结算方式

在畅捷通 T3 版软件主窗口中，执行“基础设置”|“收付结算”|“结算方式”命令，进入“结算方式”窗口，单击“增加”按钮，即可设置结算方式。

说明：

- 票据管理方式是为了辅助出纳对银行结算票据进行管理而设置的功能，类似于手工方式的支票登记簿管理方式。若需实施票据管理，则单击该复选框，作“√”标记。

4. 设置开户银行

在畅捷通 T3 版软件主窗口中，执行“基础设置”|“收付结算”|“开户银行”命令。在“开户银行”窗口中，单击“增加”按钮，即可设置开户银行。

说明：

- 暂封标志即该账号当前的使用状态。
- 按“Enter”键，表示保存。
- 开户银行一旦引用，不能修改和删除。

5. 建立客户档案(或供应商档案)

对每一个需要进行客户(或供应商)往来核算的会计科目，都要建立相应的客户(或供应商)档案，将每个客户(或供应商)的详细信息输入档案中。以设置客户分类与客户档案为例。

(1) 在畅捷通 T3 版软件主窗口中，执行“基础设置”|“往来单位”|“客户分类”命令。在“客户分类”窗口中，单击“增加”按钮，即可建立客户分类。

(2) 执行“基础设置”|“往来单位”|“客户档案”命令。在“客户档案”窗口中，单击“增加”按钮。在“客户档案卡片”窗口中，即可建立客户档案。

说明：

- 客户档案必须在最末级客户分类下增加。若左框中无客户分类，则应将该客户归入无客户分类。
- 客户或供应商档案编号、名称和简称不得为空，编号必须唯一。
- 所属分类码如果建立了分类体系，则应选定正确的客户或供应商类别。
- 开户行、账号、信用额度、税号、本单位的业务员、联系人、电话、地址、邮编、传真、E-mail、网址等信息尽量详细为宜，以便日后查询或系统调用。
- 录入各项目后，如果不单击“保存”按钮，即表示放弃此次设置操作。
- 建立供应商档案操作步骤与此相同，不再重述。

训练结果

将本训练的账套数据进行备份。备份路径自定。

训练 4.3　总账系统初始设置

训练资料

1. 设置总账系统参数

(1) 凭证制单时,采用序时控制;需要进行资金及往来赤字控制;制单权限不控制到科目;不允许修改、作废他人填制的凭证;打印凭证页脚姓名;凭证审核时不控制到操作员;出纳填制的凭证必须经出纳签字;未审核的凭证不允许记账;需要进行预算控制。

(2) 账簿打印位数及每页打印行数按软件的标准设定;明细账查询不控制到科目;明细账打印按年排页。

(3) 数量小数位、单价小数位和本位币精度为 2 位,部门、个人、项目按编码方式排序。

2. 定义凭证类别

定义凭证类别(见表 4-8)。

表 4-8

凭 证 类 别

类型名称	限制类型	限制科目	类型名称	限制类型	限制科目
收款凭证	借方必有	1001,1002	转账凭证	凭证必无	1001,1002
付款凭证	贷方必有	1001,1002			

3. 设置会计科目

(1) 将“1001 库存现金”科目指定为“现金总账科目”;将“1002 银行存款”科目指定为“银行总账科目”。

(2) 根据下列表格设置会计科目。

① 有关科目期初余额表(见表 4-9)。

表 4-9

有关科目期初余额表

科目编码	科目名称	辅助账类型	计量单位	余额方向	期初余额	说明
1001	库存现金	日记账		借	24 263.58	
1002	银行存款			借	1 570 300.00	
100201	工商银行	日记账 / 银行账		借	1 570 300.00	
1122	应收账款	客户往来		借	213 854.00	受控科目为空
1221	其他应收款	个人往来		借	12 000.00	
1403	原材料			借	304 000.00	

续表

科目编码	科目名称	辅助账类型	计量单位	余额方向	期初余额	说明
140301	A 材料	数量核算		借	124 800.00	
			件		260	
140302	B 材料	数量核算		借	179 200.00	
			件		280	
1405	库存商品			借	290 000.00	
140501	甲产品	数量核算		借	290 000.00	
			台		50	
1601	固定资产			借	4 266 100.00	
160101	生产设备			借	1 683 500.00	
160102	办公设备			借	6 600.00	
160103	运输设备			借	126 000.00	
160104	房屋及建筑物			借	2 450 000.00	
1602	累计折旧			贷	240 853.58	
1604	在建工程			借		
1606	固定资产清理			借		
2001	短期借款			贷	30 000.00	
2202	应付账款	供应商往来		贷	209 664.00	受控科目为空
2211	应付职工薪酬			贷		
221101	职工工资			贷		
221102	社会保险费			贷		
2221	应交税费			贷		
222101	应交增值税			贷		
22210101	进项税额			贷		
22210102	销项税额			贷		
2241	其他应付款			贷		
3001	实收资本			贷	6 000 000.00	
3002	资本公积			贷	200 000.00	

续表

科目编码	科目名称	辅助账类型	计量单位	余额方向	期初余额	说明
3103	本年利润			贷		
3104	利润分配			贷		
310401	未分配利润			贷		
4001	生产成本			借		
400101	甲产品			借		
4101	制造费用			借		
410101	职工薪酬	部门核算		借		
410102	折旧费	部门核算		借		
5001	主营业务收入			贷		
500101	甲产品	数量核算	台	贷		
5401	主营业务成本			借		
540101	甲产品	数量核算	台	借		
5601	销售费用			借		
560101	广告费			借		
560102	运输费			借		
560103	折旧费			借		
560104	职工薪酬			借		
560105	其他费用			借		
5602	管理费用			借		
560201	办公费	部门核算		借		
560202	差旅费	部门核算		借		
560203	职工薪酬	部门核算		借		
560204	折旧费	部门核算		借		
560205	其他费用	部门核算		借		
5603	财务费用			借		
560301	利息收入			借		
560302	利息支出			借		
560303	手续费			借		

② 辅助核算科目期初余额(见表 4–10~ 表 4–12)。

表 4–10

应 收 账 款

客户	方向	金额	摘要	日期
北京天意	借	77 805.00	销售甲产品	2016.10.31
广州信诚	借	108 927.00	销售甲产品	2016.11.18
河北新加	借	27 122.00	销售甲产品	2016.12.08
合计	借	213 854.00		

表 4–11

其他应收款

部门	个人	方向	金额	摘要	日期
销售部	张丽萍	借	8 000.00	借差旅费	2016.12.12
销售部	李红梅	借	4 000.00	借差旅费	2016.12.20
合计		借	12 000.00		

表 4–12

应 付 账 款

供应商	方向	金额	摘要	日期
安阳科技	贷	134 784.00	采购 A 材料	2016.8.31
金亚国际	贷	74 880.00	采购 B 材料	2016.9.25
合计	贷	209 664.00		

训练时间

90 分钟。

训练指导

1. 设置总账系统参数

在畅捷通 T3 版软件主窗口中,执行“总账”|“设置”|“选项”命令,即可调整总账系统参数。

2. 设置凭证类别

执行“基础设置”|“财务”|“凭证类别”命令,即可设置凭证类别。

说明:

- 第一次使用总账系统,必须正确选择凭证类别的分类方式。
- 凭证分类不影响记账的结果。希望延续手工操作习惯的单位可将凭证分为收款凭证、付款凭证和转账凭证;完全实现会计电算化的单位则可不分类。

3. 设置会计科目

执行“基础设置”|“财务”|“会计科目”命令，即可设置会计科目。

(1) 预览会计科目。预览系统预置的会计科目表的详细属性，检查所用的会计科目是否与所选行业国家制度规定的一级会计科目一致。

(2) 增加明细科目。在“会计科目”窗口中，将光标放在某一科目行上，单击“增加”按钮，即可增加缺少的明细科目。

说明：

- 增加的会计科目编码长度及每段位数要符合编码原则，编码不能重复、不能越级。
- 增加一级科目时，应注意科目类型及科目性质；增加明细科目时，系统默认其类型与上级科目保持一致。

(3) 复制会计科目。为了加快建立会计科目的速度和准确性，执行“编辑”|“复制”命令，可以对下级科目或者同级性质相近的科目进行复制，稍作改动即可完成增加科目工作。

(4) 成批复制会计科目。如果某一科目的下级与另一个或几个科目的下级内容相同，执行“编辑”|“成批复制”命令，可以将某一科目的下级成批复制到另一科目中作为下级，同样地，必要时将科目做适当调整即可。

(5) 修改会计科目。如果需要对原有会计科目的某些项目进行修改，如账页格式、辅助核算、汇总打印、封存等，可以通过“修改”功能来完成。

说明：

- 针对已经录入余额的科目，修改前必须先删除本级及其下级科目的期初余额(设为 0)，否则不能修改该科目。
- 科目一经使用，即已录入凭证，则不能修改该科目，不能作科目升级处理，即只能增加同级科目，而不能在科目下增设下级科目。

(6) 指定会计科目。即指定出纳的专管科目，如现金总账和银行总账科目。指定会计科目后，才能执行出纳签字，才能查看现金日记账和银行存款日记账。

一般情况下，库存现金科目辅助核算类型要设为日记账；银行存款科目辅助核算类型要设为银行账和日记账。

在“会计科目”窗口中，执行“编辑”|“指定科目”命令，即可指定科目。

(7) 删除会计科目。在“会计科目”窗口中，将光标放在需删除的科目上，单击“删除”按钮，即可删除科目。一般地，系统会弹出“记录删除后不能恢复！真的删除此记录吗？”提示对话框，单击“确定”按钮，进行确认。

说明：

- 删除科目后不能自动恢复，需通过“增加”功能来完成。
- 非末级科目不能删除。

- 已有数据的科目，应先将该科目及其下级科目余额清零后再删除。
- 被指定为现金、银行科目的会计科目不能删除。如想删除，必须先取消指定。

(8) 设置会计科目辅助核算项目。在“会计科目”窗口中，将光标放在有辅助核算要求科目的所在行上，单击“修改”按钮（或双击该会计科目），打开“会计科目修改”对话框，即可设置科目辅助项目。

说明：

- 辅助核算类科目必须设在末级科目上，但为了查询或出账方便，也可以将其上级科目设置为辅助核算类科目。

训练结果

将本训练的账套数据进行备份。备份路径自定。

训练 4.4　录入总账系统期初余额

训练资料

参见训练 4.3 科目期初余额表和辅助核算期初余额表（见表 4–9~ 表 4–12）。

训练时间

45 分钟。

训练指导

如果是第一次使用总账系统，必须执行“总账”|“设置”|“期初余额”命令，将经过整理的手工账科目的期初余额录入计算机。

1. 录入基本科目期初余额

说明：

- 如果某科目为数量、外币核算，应录入期初数量、外币余额，而且必须先录入本币余额，再录入数量、外币余额。
- 非末级科目的余额不用录入，系统会根据其下级明细科目自动汇总计算填入。其数据栏为黄色。
- 出现红字余额用负号录入。
- 录入余额时，不能对科目进行增、删、改的操作。如要增、删、改科目，必须在设置会计科目功能中进行。
- 修改余额时，直接录入正确数据，再单击“刷新”按钮进行刷新。
- 凭证记账后，期初余额变为只读状态，不能再修改。

2. 录入辅助核算科目期初余额

在录入期初余额时，如果某科目涉及辅助核算，则必须录入辅助账的期初余额。其一般操作步骤是：在“期初余额录入”窗口中，双击某辅助核算科目的“期初余额”栏，进入该科目期初余额录入窗口后，根据实际情况逐一录入相关信息。

3. 调整余额方向

一般情况下，系统默认资产类科目的科目性质为借方，负债及所有者权益类科目的科目性质为贷方。但是有一部分调整科目，如“累计折旧”等科目的余额方向与同类科目性质相反。在建立会计科目时，如果没有对这些科目的余额方向进行调整的话，那么就需要在“期初余额录入”窗口中把方向调整正确。其操作步骤是：将光标放在需调整方向的科目行上，单击“方向”按钮，然后确定需调整的方向。

说明：

- 总账科目与其下级明细科目的方向必须一致。
- 余额的方向应以科目属性或类型为准，不以当前余额方向为准。

4. 期初余额试算平衡

期初余额及累计发生额录入完毕后，为保证初始数据的正确性，必须进行上下级科目间余额的试算平衡和一级科目余额试算平衡。

检验工作由计算机自动完成，如果借贷方余额不平衡，计算机会自动显示出来，需要重新返回，依次逐项进行检查、更正后，再次进行试算平衡，直至平衡为止。其操作步骤是：所有余额录入完毕后，单击“试算”按钮，可查看期初余额试算平衡表，检查余额是否平衡。

说明：

- 期初余额试算不平衡，不能记账，但可以填制凭证。
- 记账完毕后，不能再录入或修改期初余额，不能执行“结转上年余额”功能。

5. 期初余额对账

单击“对账”按钮，系统自动对账。

训练结果

(1) 期初试算平衡参考结果：6 439 664.00。

(2) 将本训练的账套数据进行备份。备份路径自定。

训练 4.5　工资系统初始设置

训练资料

1. 设置工资系统参数

(1) 设置工资类别:单个。

(2) 核算币种: RMB 人民币。

(3) 扣税处理:从工资中扣除个人所得税。

(4) 扣零处理:不进行扣零处理。

(5) 人员编码长度: 3 位。

(6) 启用日期: 2017 年 1 月 1 日。

2. 设置基础信息

(1) 设置人员附加信息。增加:性别、技术职称和身份证号 3 个项目。

(2) 设置人员类别:管理人员、营销人员和生产人员。

(3) 设置工资项目(见表 4–13)。

表 4–13

工资项目一览表

工资项目名称	类型	长度	小数	增减项
基本工资	数字	8	2	增项
岗位工资	数字	8	2	增项
奖金	数字	8	2	增项
应发合计	数字	8	2	增项
代扣税	数字	8	2	减项
社会保险费	数字	8	2	减项
扣款合计	数字	8	2	减项
实发合计	数字	8	2	增项

(4) 设置代发工资银行名称:中国工商银行。账号定长设为 16 位。录入时需要自动带出的账号长度为 8 位。

(5) 权限设置:设置"周洪雷"拥有 001 账套"工资类别主管"权限。

(6) 设置人员档案(见表 4–14)。

表 4–14

人员档案表

人员编号	人员姓名	部门名称	人员类别	人员属性	计税(是 / 否)	银行名称	银行账号
101	王建平	财务科	管理人员	中方	是	中国工商银行	9558801345670001
102	周洪雷	财务科	管理人员	中方	是	中国工商银行	9558801345670002
103	钱又多	财务科	管理人员	中方	是	中国工商银行	9558801345670003
104	刘刚强	行政科	管理人员	中方	是	中国工商银行	9558801345670004
105	赵丽君	行政科	管理人员	中方	是	中国工商银行	9558801345670005

续表

人员编号	人员姓名	部门名称	人员类别	人员属性	计税(是/否)	银行名称	银行账号
106	王清泉	行政科	管理人员	中方	是	中国工商银行	9558801345670006
207	张丽萍	销售部	营销人员	中方	是	中国工商银行	9558801345670007
208	李红梅	销售部	营销人员	中方	是	中国工商银行	9558801345670008
309	杨明华	生产部	生产人员	中方	是	中国工商银行	9558801345670009
310	尹大华	生产部	生产人员	中方	是	中国工商银行	9558801345670010

3. 设置工资计算公式

设置工资计算公式(见表4–15)。

表4–15

工资计算公式表

工资项目	计算公式
岗位工资	**描述:**管理人员的岗位工资1 900.00元,营销人员的岗位工资1 700.00元,其他人员的岗位工资1 600.00元 **参考公式:** iff(人员类别=“管理人员”,1 900,iff(人员类别=“营销人员”,1 700,1 600))
应发合计	基本工资+岗位工资+奖金
社会保险费	(基本工资+岗位工资+奖金)×0.08
扣款合计	代扣税+社会保险费
实发合计	应发合计–扣款合计

训练时间

90分钟。

训练指导

1. 建立工资账套

首先启动工资系统。在畅捷通T3版软件主窗口中,单击“工资”,进入“建立工资账套”向导界面。

(1) 设置工资账套参数。工资账套参数设置共有两项:

① 选择所建账套需处理的工资类别个数。

说明:

- 如果企业对所有人员的工资进行统一管理,且人员的工资项目、工资计算公式全部相同,则选择“单个”,这样可以提高系统的运行效率。

② 选择该账套工资核算的币种。

说明：

- 若选择账套本位币以外的其他币别，则需要先在工资类别参数维护中设置汇率。待经过一次工资数据处理后则不能再修改。

(2) 设置扣税参数。

说明：

- 如果要从工资中代扣个人所得税，则单击选中复选框，打上“√”。

(3) 设置扣零参数。

说明：

- 一旦选择了“扣零处理”，系统自动在固定工资项目中增加“本月扣零”和“上月扣零”两个项目，在操作时不必设置有关扣零处理的计算公式。

(4) 设置人员编码。可以根据需要自行定义人员编码长度，但总长不能超过10位字符。

2. 基础设置

(1) 设置人员附加信息。执行“工资”|“设置”|“人员附加信息设置”命令，即可进行人员附加信息的增加、删除设置。

说明：

- 单击“返回”按钮，确认本次操作的结果，返回系统的主界面。

(2) 设置人员类别。执行“工资”|“设置”|“人员类别设置”命令，即可进行人员类别的增加、删除设置。

说明：

- 单击“返回”按钮，确认本次操作的结果。
- 单击“人员类别设置”窗口右上角的“×”按钮，放弃本次操作结果。

(3) 设置工资项目。执行“工资”|“设置”|“工资项目设置”命令。在“工资项目设置”对话框中，单击“增加”按钮，即可设置工资项目。

说明：

- 系统提供若干常用工资项目，可选择录入。单击界面上的向上、向下箭头，可调整工资项目的排列顺序。

(4) 设置银行名称。执行“工资”|“设置”|“银行名称设置”命令,即可进行银行名称的设置。

说明:

- 系统默认银行账号定长,长度为“11”位。

(5) 设置权限。执行“工资”|“设置”|“权限设置”命令。在“权限设置”窗口中,单击“修改”按钮,选中“工资类别主管”,再单击“保存”按钮即可。

(6) 设置人员档案。执行“工资”|“设置”|“人员档案”命令。在“人员档案设置”窗口中,单击“增加”按钮,录入相关信息。

说明:

- 在“基本信息”和“附加信息”标签页中选择录入相关信息,单击“确认”按钮。

3. 设置计算公式

运用公式可直观表达工资项目的实际运算过程,灵活地进行工资计算处理。定义公式通过选择工资项目、运算符、关系符、函数等组合完成。

在“工资项目设置”对话框中,打开“公式设置”标签页,即可进行公式设置。设置完毕,单击“确认”按钮。

说明:

- 录入公式时,可单击公式参照区参照已定义的工资计算公式,或利用函数公式向导录入。
- 公式录入完毕后,必须单击“公式确认”按钮。但这一操作后,该公式并未得以保存,必须再单击“确认”按钮才算真正完成设置。

训练结果

将本训练的账套数据进行备份。备份路径自定。

训练4.6 固定资产系统初始设置

训练资料

1. 设置固定资产系统参数

(1) 启用日期:2017年1月1日。

(2) 采用平均年限法(一),按月计提折旧。

(3) 折旧汇总分配周期:1个月。

(4) 固定资产类别编码长度:2-1-1-2。

(5) 固定资产编码方式:按“类别编号+序号”自动编码;序号长度:3。

(6) 要求与总账系统进行对账：固定资产对账科目为"1601，固定资产"；累计折旧对账科目为"1602，累计折旧"。

(7) 在对账不平的情况下不允许月末结账。

(8) 固定资产缺省入账科目：固定资产、累计折旧、进项税额。

(9) 业务发生后立即制单；月末结账前一定要完成制单登账业务。

2. 设置基础信息

(1) 设置卡片样式：通用样式。

(2) 设置资产类别（见表4–16）。

表4–16

资 产 类 别

类别编码	类别名称	使用年限	净残值率	计提属性
01	房屋及建筑物			
011	办公楼	50	4%	正常计提
012	厂房	50	4%	正常计提
02	设备			
021	生产设备	8	4%	正常计提
022	办公设备	8	2%	正常计提
023	运输设备	10	2%	正常计提

(3) 设置固定资产管理部门及其对应折旧科目（见表4–17）。

表4–17

固定资产管理部门及其对应折旧科目表

部门编码	部门名称	对应折旧科目	部门编码	部门名称	对应折旧科目
1	行政部	管理费用——折旧费（560204）	3	生产部	制造费用——折旧费（410102）
2	销售部	销售费用——折旧费（560103）			

(4) 设置固定资产增减方式（见表4–18）。

表4–18

固定资产增减方式

增加方式	对应入账科目	减少方式	对应入账科目
直接购入	银行存款 / 工商银行（100201）	出售	固定资产清理（1606）
在建工程转入	在建工程（1604）	报废	固定资产清理（1606）

3. 录入固定资产原始卡片

录入固定资产原始卡片（见表4–19）。

表 4-19

1 月原始卡片资料

固定资产编码	固定资产名称	类别编码	所在部门	增加方式	可使用年限	开始使用日期	已提折旧月数	原值	累计折旧	对应折旧科目名称
011001	办公楼	011	行政科	在建工程转入	50	2016-01-06	11	1 218 750.00	21 450.00	管理费用——折旧费(560204)
012001	厂房	012	生产部	在建工程转入	50	2016-01-06	11	1 231 250.00	21 670.00	制造费用——折旧费(410102)
021001	生产设备	021	生产部	直接购入	8	2016-01-06	11	1 683 500.00	185 185.00	制造费用——折旧费(410102)
022001	计算机	022	财务科	直接购入	8	2016-01-06	11	6 600.00	1 183.38	管理费用——折旧费(560204)
023001	货车	023	销售部	直接购入	10	2016-01-06	11	126 000.00	11 365.20	销售费用——折旧费(560102)
合计								4 266 100.00	240 853.58	

注:使用状况均为“在用”。

训练时间

90 分钟。

训练指导

1. 建立固定资产账套

第一次使用固定资产系统,系统提示是否进行账套初始化,单击“是”按钮,屏幕显示固定资产初始化向导界面。

说明:

- 在此处可以设置启用月份、折旧信息、编码方式、财务接口等相关信息。

2. 设置基础信息

(1) 与总账系统接口设置。执行“固定资产”|“设置”|“选项”命令,录入相关信息。

(2) 定义卡片样式。执行“固定资产”|“卡片”|“卡片样式”命令,进行定义卡片样式。

说明:

- 可以选择系统提供的通用卡片样式,也可以定义新的卡片样式。

(3) 设置固定资产类别。执行“固定资产”|“设置”|“资产类别”命令,进入“类别编码表”窗口,按要求录入相关信息。

(4) 设置固定资产管理部门及其对应折旧科目。执行“固定资产”|“设置”|“部门对应折旧

科目”命令，进入“部门编码表”窗口。在部门档案中选择所要设置科目或修改科目的部门，单击“操作”按钮，参照选择，或录入科目名称，单击“保存”按钮。

（5）设置固定资产增减方式。执行“固定资产”|“设置”|“增减方式”命令，进入“增减方式”窗口。

说明：

- 如果新增的是第一级，从增减方式目录中选中“增加方式”或“减少方式”；如果新增的是第二级，则选中所要添加下级的那种方式。

（6）录入固定资产原始卡片。执行“固定资产”|“卡片”|“录入原始卡片”命令。在“资产类别参照”对话框中，选择要录入的卡片所属的资产类别，单击“确认”按钮，屏幕显示固定资产卡片，录入或参照选择各项目的内容。

训练结果

将本训练的账套数据进行备份。备份路径自定。

训练 4.7　日常业务处理

训练资料

（1）2017 年 1 月，以周洪雷（102）的身份填制如下记账凭证。

业务 1　5 日，开出现金支票（票号：0018），提取现金 10 800.00 元。（附单据 1 张）

借：库存现金	10 800.00	
贷：银行存款——工商银行		10 800.00

业务 2　7 日，向北京天意公司售出甲产品 50 台，单价 7 500.00 元，款项尚未收到。（增值税税率 17%，附单据 2 张）

借：应收账款——北京天意公司	438 750.00	
贷：主营业务收入——甲产品		375 000.00
应交税费——应交增值税（销项税额）		63 750.00

业务 3　12 日，销售部张丽萍报销差旅费 8 000.00 元。（附单据 4 张）

借：管理费用——差旅费（销售部）	5 000.00	
贷：其他应收款——张丽萍		5 000.00

业务 4　13 日，领用 A 材料 120 件，单位成本 260.00 元；B 材料 100 件，单位成本 280.00 元。（附单据 1 张）

借：生产成本——甲产品	59 200.00	
贷：原材料——A 材料		31 200.00
——B 材料		28 000.00

业务 5　14 日，从安阳科技公司购入 A 材料 100 件，单价 260.00 元，款项暂欠，材料已验收

入库。(增值税税率 17%,附单据 2 张)

借:原材料——A 材料　　26 000.00

应交税费——应交增值税(进项税额)　　4 420.00

贷:应付账款——安阳科技　　30 420.00

业务 6　15 日,接到银行通知,收到某投资者投入的资本 300 000.00 元。(票号:0023,附单据 2 张)

借:银行存款——工商银行　　300 000.00

贷:实收资本　　300 000.00

业务 7　16 日,购入不需安装生产设备一台,价值 160 000.00 元,增值税税额 27 200.00 元,开出转账支票(日期 1 月 16 日,票号:0031)支付设备款。该设备作为固定资产核算,净残值率 2%,预计使用年限 8 年,已交付生产部使用。(附单据 2 张)

借:固定资产——生产设备　　160 000.00

应交税费——应交增值税(进项税额)　　27 200.00

贷:银行存款——工商银行　　187 200.00

注意:该业务要通过固定资产系统录入卡片并生成记账凭证。

业务 8　21 日,公司非生产部门报销费用。统一报销凭证中科目都为"管理费用——办公费",但明细分属不同部门,以辅助项快速录入方式填制该凭证。其中,财务科:2 234.00 元;行政科:3 139.00 元。(附单据 4 张)

借:管理费用——办公费(财务科)　　2 234.00

管理费用——办公费(行政科)　　3 139.00

贷:库存现金　　5 373.00

业务 9　29 日,收到银行账单,扣缴短期借款利息 134.00 元入账。(附单据 1 张)

借:财务费用——利息支出　　134.00

贷:银行存款——工商银行　　134.00

(2) 2017 年 1 月 31 日,以王建平(101)的身份对所有凭证进行审核签字。

(3) 2017 年 1 月 31 日,以周洪雷(102)的身份针对业务 3 生成一张红字冲销凭证。再重新填制正确的凭证如下:

借:管理费用——差旅费(销售部)　　8 000.00

贷:其他应收款——张丽萍　　8 000.00

(4) 2017 年 1 月 31 日,以王建平(101)的身份再对以上凭证进行审核。

(5) 2017 年 1 月 31 日,以钱又多(103)的身份对收付款凭证进行出纳签字。

(6) 2017 年 1 月 31 日,以王建平(101)的身份对以上凭证进行记账。

训练时间

90 分钟。

训练指导

初始化设置完成后,就可以开始进行日常业务处理了。日常业务处理的任务是通过录入各种记账凭证,完成记账工作,查询和打印输出各种日记账、明细账和总分类账,同时对个人往来和单位辅助账进行管理。

1. 增加凭证

执行"总账"|"凭证"|"填制凭证"命令,进入"填制凭证"窗口。单击"增加"按钮,即可增加一张新凭证。如果在科目设置时定义了辅助核算,则在处理业务时,还要录入辅助核算的内容。

(1) 录入有银行账核算要求的凭证,需要录入对应的票据日期、结算方式和票号。这些信息会在进行银行对账时使用。

(2) 录入有往来核算要求的凭证,需要录入对应的单位代码和业务员。这些信息会在往来账管理时使用。

(3) 录入有部门核算要求的凭证,需要录入对应的部门代码或名称。

(4) 录入有数量核算要求的凭证,需要录入数量和单价。

说明:

- 当前新增记录完成后,按"Enter"键,系统自动将摘要复制到下一记录行。
- 若空过辅助信息,仍可继续操作,系统不显示出错警告,但有可能导致辅助账的对账不平。
- 录入有数量核算要求的凭证时,系统会自动根据"数量 × 单价"计算出金额,并将金额先放在借方,如果方向不符,可将光标移动到贷方后,按空格键即可调整金额方向。
- 制单人签字是由系统根据登录总账系统时录入的操作员姓名自动填入的。
- 凭证一旦保存,其凭证类别、凭证编号不能修改。

2. 修改凭证

录入凭证时,尽管系统提供了多种控制错误的措施,但错误凭证是难免的,记账凭证的错误必然影响系统的核算结果。为更正错误,系统提供了不同的修改方法。

(1) 直接修改。在填制凭证或审核填制凭证时发现错误,可直接修改或退回,由原制单人员对错误凭证进行修改。

(2) 红字冲销。对在审核时未能发现且已记账的错误凭证,可采用制作红字冲销凭证将其冲销。

(3) 补充登记。对已冲销的错误凭证通过补充登记方法,重新填制一张正确的凭证。

3. 查询凭证

通过"填制凭证"窗口中的"查询"功能或者执行"总账"|"凭证"|"查询凭证"命令,录入查询条件后,可查看到当前科目最新余额、外部系统制单信息、联查明细账等。通过"余额"命令,可查到当前光标所在科目包含所有已保存的记账凭证的最新余额。

4. 汇总凭证

执行"总账"|"凭证"|"科目汇总"命令,打开"科目汇总"对话框,录入查询条件后,可显示所有符合条件的科目汇总表。

5. 会计审核凭证

(1) 执行"总账"|"凭证"|"审核凭证"命令,打开"凭证审核"对话框。

(2) 确认后,打开"凭证审核一览表"对话框。

(3) 单击“确定”按钮,进入“审核凭证”窗口。

(4) 会计对凭证逐一审核,确认无误后,单击“审核”按钮,系统自动在审核处签上审核人的名字。

说明:

- 审核人和制单人不能是同一个人,取消审核只能由审核人进行。

6. 出纳复核签字

(1) 执行“总账”|“凭证”|“出纳签字”命令,打开“出纳签字”对话框。

(2) 确认后,打开“出纳签字一览表”对话框。

(3) 单击“确定”按钮,进入“出纳签字”窗口。

(4) 出纳人员复核,并办理收付款业务后,单击“签字”按钮,系统自动在出纳签字处签上签字人的名字。

7. 增加固定资产卡片

(1) 执行“固定资产”|“卡片”|“资产增加”命令,打开“资产类别参照”对话框,选择新增资产所属的资产类别。

(2) 单击“确认”按钮,进入新增资产卡片窗口。

(3) 依次录入新增资产的名称、使用部门、增加方式、使用状况、开始使用日期、原值、使用年限等信息。

(4) 单击“保存”按钮,进入记账凭证增加窗口。

(5) 选择录入凭证类别、附件、结算方式等信息,调整会计分录后,先单击“保存”按钮,然后再单击“退出”按钮。

8. 记账

(1) 选择记账凭证。记账前要选择需记账的凭证范围,包括期间、类别、记账范围等。其中期间不能为空。

说明:

- 记账范围可输入数字、“-”和“,”。
- 未审核凭证不能记账,记账范围应小于或等于已审核范围。

(2) 记账前检验。

① 检验上月是否结账。

② 检验是否通过审核。

③ 检验凭证是否平衡。

(3) 硬盘备份。记账前,系统首先自动进行硬盘备份,保存记账前的数据。

说明:

- 上述工作除第(1)步外其他步骤都是由计算机自动进行的。

(4) 记账处理过程。登记账簿过程处于全自动状态，一般不需要人工操作。

说明：

- 在记账过程中，不得中断退出。如果在记账前发生中断，可直接记账；如果在记账过程中发生中断，需先调用“恢复记账前状态”功能，然后再记账。

训练结果

(1) 输出本训练填制的记账凭证清单文件 xl4.7-pzqd.xls，并与表 4-20 进行核对，看结果是否一致。

表 4-20

记账凭证清单

日期	凭证号数	科目编码	科目名称	摘要	方向	数量	金额
2017.01.05	付-0001	1001	库存现金	提取现金	借		10 800.00
2017.01.05	付-0001	100201	工商银行	提取现金	贷		10 800.00
2017.01.07	转-0001	1122	应收账款	销售甲产品——北京天意	借		438 750.00
2017.01.07	转-0001	500101	甲产品	销售甲产品	贷	50	375 000.00
2017.01.07	转-0001	22210102	销项税额	销售甲产品	贷		63 750.00
2017.01.12	转-0002	560202	差旅费	报销差旅费——销售部	借		5 000.00
2017.01.12	转-0002	1221	其他应收款	报销差旅费——销售部(张丽萍)	贷		5 000.00
2017.01.13	转-0003	400101	甲产品	领用原材料	借		59 200.00
2017.01.13	转-0003	140301	A 材料	领用原材料	贷	120	31 200.00
2017.01.13	转-0003	140302	B 材料	领用原材料	贷	100	28 000.00
2017.01.14	转-0004	140301	A 材料	采购原材料	借	100	26 000.00
2017.01.14	转-0004	22210101	进项税额	采购原材料	借		4 420.00
2017.01.14	转-0004	2202	应付账款	采购原材料——安阳科技	贷		30 420.00
2017.01.15	收-0001	100201	工商银行	收到投资	借		300 000.00
2017.01.15	收-0001	3001	实收资本	收到投资	贷		300 000.00
2017.01.16	付-0002	160101	生产设备	直接购入资产	借		160 000.00
2017.01.16	付-0002	22210101	进项税额	可抵扣税额	借		27 200.00
2017.01.16	付-0002	100201	工商银行	直接购入资产	贷		187 200.00
2017.01.21	付-0003	560201	办公费	报销办公费——财务科	借		2 234.00

续表

日期	凭证号数	科目编码	科目名称	摘要	方向	数量	金额
2017.01.21	付-0003	560201	办公费	报销办公费——行政科	借		3 139.00
2017.01.21	付-0003	1001	库存现金	报销办公费	贷		5 373.00
2017.01.29	付-0004	560302	利息支出	支付利息	借		134.00
2017.01.29	付-0004	100201	工商银行	支付利息	贷		134.00
2017.01.31	转-0005	560202	差旅费	[冲销 2017.01.12 转-0002 号凭证]报销差旅费	借		-5 000.00
2017.01.31	转-0005	1221	其他应收款	[冲销 2017.01.12 转-0002 号凭证]报销差旅费	贷		-5 000.00
2017.01.31	转-0006	560202	差旅费	报销差旅费——销售部	借		8 000.00
2017.01.31	转-0006	1221	其他应收款	报销差旅费——销售部(张丽萍)	贷		8 000.00

(2) 将本训练的账套数据进行备份。备份路径自定。

训练 4.8 期末业务处理

训练资料

(1) 31 日,以周洪雷(102)的身份录入 2017 年 1 月工资资料。

① 基本工资档案(见表 4-21)。

表 4-21

基本工资档案

人员编号	人员姓名	基本工资	人员编号	人员姓名	基本工资
101	王建平	2 200.00	106	王清泉	2 500.00
102	周洪雷	1 900.00	207	张丽萍	2 100.00
103	钱又多	1 900.00	208	李红梅	2 000.00
104	刘刚强	1 600.00	309	杨明华	2 200.00
105	赵丽君	2 400.00	310	尹大华	1 500.00

② 2016 年公司超额完成任务,经批准发放奖金如下:行政部、销售部,每人 4 000.00 元;生产部,每人 3 800.00 元。

③ 填报个人所得税申报表。假设对应工资项目为“应发合计”;计税扣除基数为“3 500.00”元。

(2) 31 日,以周洪雷(102)的身份进行工资分摊及费用计提并生成转账凭证。

① 根据表 4-22 的内容进行工资分摊的设置。

表 4-22

工资分摊与计提一览表

计提类型名称 \ 方向 \ 部门		行政部	销售部	生产部
职工工资 100%	借方	管理费用——职工薪酬(560203)	销售费用——职工薪酬(560104)	生产成本——甲产品(400101)
	贷方	应付职工薪酬——职工工资(221101)		
社会保险费 20%	借方	管理费用——其他费用(560205)	销售费用——其他费用(560105)	生产成本——甲产品(400101)
	贷方	应付职工薪酬——社会保险费(221102)		

② 工资分摊构成设置中的项目以工资表中的“应发合计”为准。

③ 进行工资分摊时要设置到明细工资项目;制单时,选择“合并科目相同、辅助核算相同的分录”选项。

(3) 31 日,以周洪雷(102)的身份计提本月折旧费用并生成转账凭证(此业务需在固定资产系统中完成)。

(4) 31 日,以王建平(101)的身份对以上凭证进行审核与记账。

(5) 31 日,以周洪雷(102)的身份定义并生成制造费用结转至生产成本的“自定义转账”凭证。

(6) 31 日,以王建平(101)的身份对以上凭证进行审核与记账。

(7) 31 日,以周洪雷(102)的身份定义并生成结转本月完工产品成本的“自定义转账”凭证(假定不考虑在产品成本,本月完工产品数量为 15 台)。

(8) 31 日,以周洪雷(102)的身份定义并生成“销售成本结转”凭证。注:销售成本结转数量按“商品销售(贷方)数量”计算。

(9) 31 日,以王建平(101)的身份对以上凭证进行审核与记账。

(10) 31 日,以周洪雷(102)的身份定义并生成“期间损益结转”凭证。注:按“收入”和“支出”生成两张凭证。

(11) 31 日,以王建平(101)的身份对以上凭证进行审核与记账。

(12) 31 日,以周洪雷(102)的身份定义并生成结转未分配利润的“对应结转”凭证。注:转入系数为 1。

(13) 31 日,以王建平(101)的身份对以上凭证进行审核与记账。

训练时间

90 分钟。

训练指导

1. 处理工资数据

执行“工资”|“业务处理”|“工资变动”命令,进入“工资变动”窗口,屏幕显示所有人员的各项工资项目。在此可以录入工资变动数据,录入完毕后单击“退出”按钮。

说明：

- 也可以通过页编辑、过滤工资项目、替换工资数据等方式录入变动数据。

2. 设置个人所得税

执行“工资”|“业务处理”|“扣缴所得税”命令，打开“栏目选择”对话框，确认后，进入“个人所得税”窗口，系统提供设置个人所得税扣缴申报表、个人所得税率表等的功能。

说明：

- 在这里，只需录入所得税税率和扣除基数，系统便会自动计算个人所得税。系统默认计算个人所得税的依据是根据收入减扣除费用（3 500 或附加费用 1 300），乘以税率计算得出的。

3. 分摊工资费用

(1) 设置分摊类型和计提基数。执行“工资”|“业务处理”|“工资分摊”命令，打开“工资分摊”对话框，单击“工资分摊设置”按钮即可设置相关内容。

(2) 工资分摊。在“工资分摊”对话框中，选择“计提费用类型”和“核算部门”，单击“确定”按钮，进入“工资分摊明细”窗口，单击“制单”按钮，进入“填制凭证”窗口进行凭证填制，完成分摊工作。

4. 计提固定资产折旧

(1) 执行“固定资产”|“处理”|“计提本月折旧”命令，系统自动计算本月折旧额。

(2) 单击“是”按钮，系统弹出“是否要查看折旧清单？”提示框。

(3) 单击“是”按钮，生成“折旧清单”。

(4) 单击“退出”按钮，进入“填制凭证”窗口，选择录入凭证类别、附件后，单击“保存”按钮。

5. 设置自定义转账分录

执行“总账”|“期末”|“转账定义”|“自定义转账”命令，进入“自动转账设置”窗口，单击“增加”按钮，可定义一张自定义转账分录。

(1) 定义转账凭证分录信息。

说明：

- 转账序号是该张转账凭证的代号，不是凭证号。转账凭证的凭证号在每月转账时自动产生。一张转账凭证对应一个转账编号，转账编号可任意定义，但只能录入数字 1~9，字母 a~z、A~Z，不能重号。
- 转账科目可以为非末级科目，若录入的是非末级科目，可先按非末级科目定义转账分录，然后再选择需结转的明细科目，系统会自动复制明细科目转账分录。
- 部门可为空，表示所有部门。

(2) 定义金额公式。金额公式是指发生额的数据来源取数公式。其目的是让系统能自动生成转账凭证。录入金额公式有两种方法：一是直接选择计算公式，二是以引导方式录入公式。

说明：

- 在函数公式中，选择期初、期末时，方向一般为空，避免由于出现反向余额时发生取数错误。
- 在总账系统中，自动转账分录的金额计算公式中，账务取数函数基本格式为：函数名(科目编码，会计期间，方向，辅助项 1，辅助项 2)。

6. 设置对应结转分录

执行“总账”|“期末”|“转账定义”|“对应结转”命令，进入“对应结转设置”窗口，单击“增行”按钮，可定义一张对应结转转账分录。对应结转不仅可进行两个科目一对一结转，还可以提供科目的一对多结转。对应结转的科目可为上级科目，但其下级科目的科目结构必须一致(相同明细科目)，如有辅助核算，则两个科目的辅助账类也必须一一对应。

说明：

- 转入科目可定义多个，一张凭证可定义多行，转出科目及辅助项必须一致，转入科目及辅助项可不相同。
- 对应结转只结转期末余额。
- 如果同一凭证转入科目有多个，且同一凭证的结转系数之和为 1，则最后一笔结转金额为转出科目余额减当前凭证已转出的余额。

7. 设置销售成本结转分录

执行“总账”|“期末”|“转账定义”|“销售成本结转”命令，进入“销售成本结转设置”窗口，可定义一张销售成本转账分录。

8. 设置期间损益结转分录

执行“总账”|“期末”|“转账定义”|“期间损益”命令，打开“期间损益结转设置”对话框，可定义一张期间损益转账分录。

说明：

- 每个损益类科目的期末余额将结转到与其同一行的“本年利润”科目中去。
- 损益科目与“本年利润”科目都有辅助核算的，则辅助账类必须相同。
- “本年利润”科目必须为末级科目，且为本年利润入账科目的下级科目。

9. 生成自动转账凭证

执行“总账”|“期末”|“转账生成”|“自定义转账”(或“对应结转”“销售成本结转”“期间损益结转”)命令，即可快速生成转账凭证。

说明：

- 在生成凭证时必须注意业务发生的先后次序，否则计算金额时就会产生差错。
- 自动转账凭证生成之前，注意转账月份为当前会计月份且应先将相关经济业务的记账凭证登记入账。
- 转账凭证每月只生成一次。

训练结果

(1) 输出本训练生成的工资汇总表文件 xl4.8-gzb.xls，并与表 4-23 进行核对，看结果是否一致。

表 4-23

工资汇总表

人员编号	姓名	部门	人员类别	基本工资	岗位工资	奖金	应发合计	代扣税	社会保险费	扣款合计	实发合计
101	王建平	财务科	管理人员	2 200.00	1 900.00	4 000.00	8 100.00	365.00	648.00	1 013.00	7 087.00
102	周洪雷	财务科	管理人员	1 900.00	1 900.00	4 000.00	7 800.00	325.00	624.00	949.00	6 851.00
103	钱又多	财务科	管理人员	1 900.00	1 900.00	4 000.00	7 800.00	325.00	624.00	949.00	6 851.00
104	刘刚强	行政科	管理人员	1 600.00	1 900.00	4 000.00	7 500.00	295.00	600.00	895.00	6 605.00
105	赵丽君	行政科	管理人员	2 400.00	1 900.00	4 000.00	8 300.00	405.00	664.00	1 069.00	7 231.00
106	王清泉	行政科	管理人员	2 500.00	1 900.00	4 000.00	8 400.00	425.00	672.00	1 097.00	7 303.00
207	张丽萍	销售部	营销人员	2 100.00	1 700.00	4 000.00	7 800.00	325.00	624.00	949.00	6 851.00
208	李红梅	销售部	营销人员	2 000.00	1 700.00	4 000.00	7 700.00	315.00	616.00	931.00	6 769.00
309	杨明华	生产部	生产人员	2 200.00	1 600.00	3 800.00	7 600.00	305.00	608.00	913.00	6 687.00
310	尹大华	生产部	生产人员	1 500.00	1 600.00	3 800.00	6 900.00	235.00	552.00	787.00	6 113.00
合计				20 300.00	18 000.00	39 600.00	77 900.00	3 320.00	6 232.00	9 552.00	68 348.00

(2) 输出本训练填制的记账凭证清单文件 xl4.8-pzqd.xls，并与表 4-24 进行核对，看结果是否一致。

表 4-24

记账凭证清单

日期	凭证号数	科目编码	科目名称	摘要	方向	数量	金额
2017.01.31	转-0007	560203	职工薪酬	应付职工薪酬——职工工资（财务科）	借		23 700.00
2017.01.31	转-0007	560203	职工薪酬	应付职工薪酬——职工工资（行政科）	借		24 200.00
2017.01.31	转-0007	400101	甲产品	应付职工薪酬——职工工资	借		14 500.00
2017.01.31	转-0007	560104	职工薪酬	应付职工薪酬——职工工资	借		15 500.00
2017.01.31	转-0007	221101	职工工资	应付职工薪酬——职工工资	贷		77 900.00
2017.01.31	转-0008	560205	其他费用	社会保险费——财务科	借		4 740.00
2017.01.31	转-0008	560205	其他费用	社会保险费——行政科	借		4 840.00
2017.01.31	转-0008	400101	甲产品	社会保险费	借		2 900.00
2017.01.31	转-0008	560105	其他费用	社会保险费	借		3 100.00
2017.01.31	转-0008	221102	社会保险费	社会保险费	贷		15 580.00
2017.01.31	转-0009	560204	折旧费	计提第[1]期间折旧——财务科	借		67.32

续表

日期	凭证号数	科目编码	科目名称	摘要	方向	数量	金额
2017.01.31	转-0009	560204	折旧费	计提第[1]期间折旧——行政科	借		1 950.00
2017.01.31	转-0009	560103	折旧费	计提第[1]期间折旧——销售部	借		1 033.20
2017.01.31	转-0009	410102	折旧费	计提第[1]期间折旧——生产部	借		18 805.00
2017.01.31	转-0009	1602	累计折旧	计提第[1]期间折旧	贷		21 855.52
2017.01.31	转-0010	400101	甲产品	结转制造费用	借		18 805.00
2017.01.31	转-0010	410102	折旧费	结转制造费用——生产部	贷		18 805.00
2017.01.31	转-0011	140501	甲产品	结转完工产品成本	借		95 405.00
2017.01.31	转-0011	400101	甲产品	结转完工产品成本	贷	15	95 405.00
2017.01.31	转-0012	140501	甲产品	2017.01 销售成本结转	贷	50	296 465.38
2017.01.31	转-0012	540101	甲产品	2017.01 销售成本结转	借	50	296 465.38
2017.01.31	转-0013	3103	本年利润	期间损益结转	贷		375 000.00
2017.01.31	转-0013	500101	甲产品	期间损益结转	借	50	375 000.00
2017.01.31	转-0014	3103	本年利润	期间损益结转	借		389 102.90
2017.01.31	转-0014	540101	甲产品	期间损益结转	贷	50	296 465.38
2017.01.31	转-0014	560103	折旧费	期间损益结转	贷		1 033.20
2017.01.31	转-0014	560104	职工薪酬	期间损益结转	贷		15 500.00
2017.01.31	转-0014	560105	其他费用	期间损益结转	贷		3 100.00
2017.01.31	转-0014	560201	办公费	期间损益结转——财务科	贷		2 234.00
2017.01.31	转-0014	560201	办公费	期间损益结转——行政科	贷		3 139.00
2017.01.31	转-0014	560202	差旅费	期间损益结转——销售部	贷		8 000.00
2017.01.31	转-0014	560203	职工薪酬	期间损益结转——财务科	贷		23 700.00
2017.01.31	转-0014	560203	职工薪酬	期间损益结转——行政科	贷		24 200.00
2017.01.31	转-0014	560204	折旧费	期间损益结转——财务科	贷		67.32
2017.01.31	转-0014	560204	折旧费	期间损益结转——行政科	贷		1 950.00
2017.01.31	转-0014	560205	其他费用	期间损益结转——财务科	贷		4 740.00
2017.01.31	转-0014	560205	其他费用	期间损益结转——行政科	贷		4 840.00
2017.01.31	转-0014	560302	利息支出	期间损益结转	贷		134.00
2017.01.31	转-0015	3103	本年利润	结转未分配利润	借		-14 102.90
2017.01.31	转-0015	310401	未分配利润	结转未分配利润	贷		-14 102.90

(3) 输出本训练生成的发生额及余额表文件 xl4.8-yeb.xls，并与表 4-25 进行核对，看结果是否一致。

表 4–25

2017 年 1 月 31 日北京顺达科技有限公司发生额及余额表

科目编码	科目名称	期初余额		本期发生额		期末余额	
		借方	贷方	借方	贷方	借方	贷方
1001	库存现金	24 263.58		10 800.00	5 373.00	29 690.58	
100201	工商银行	1 570 300.00		300 000.00	198 134.00	1 672 166.00	
1122	应收账款	213 854.00		438 750.00		652 604.00	
1221	其他应收款	12 000.00			8 000.00	4 000.00	
140301	A 材料	124 800.00		26 000.00	31 200.00	119 600.00	
140302	B 材料	179 200.00			28 000.00	151 200.00	
140501	甲产品	290 000.00		95 405.00	296 465.38	88 939.62	
160101	生产设备	1 683 500.00		160 000.00		1 843 500.00	
160102	办公设备	6 600.00				6 600.00	
160103	运输设备	126 000.00				126 000.00	
160104	房屋及建筑物	2 450 000.00				2 450 000.00	
1602	累计折旧		240 853.58		21 855.52		262 709.10
资产小计		6 680 517.58	240 853.58	1 030 955.00	589 027.90	7 144 300.20	262 709.10
2001	短期借款		30 000.00				30 000.00
2202	应付账款		209 664.00		30 420.00		240 084.00
221101	职工工资				77 900.00		77 900.00
221102	社会保险费				15 580.00		15 580.00
22210101	进项税额			31 620.00		31 620.00	
22210102	销项税额				63 750.00		63 750.00
负债小计			239 664.00	31 620.00	187 650.00	31 620.00	427 314.00
3001	实收资本		6 000 000.00		300 000.00		6 300 000.00

续表

		期初余额		本期发生额		期末余额	
科目编码	科目名称	借方	贷方	借方	贷方	借方	贷方
3002	资本公积		200 000.00				200 000.00
3103	本年利润			375 000.00	375 000.00		
310401	未分配利润				−14 102.90	14 102.90	
所有者权益小计			6 200 000.00	375 000.00	660 897.10	14 102.90	6 500 000.00
400101	甲产品			95 405.00	95 405.00		
410102	折旧费			18 805.00	18 805.00		
成本小计				114 210.00	114 210.00		
500101	甲产品				375 000.00		
540101	甲产品			296 465.38	296 465.38		
560103	折旧费			1 033.20	1 033.20		
560104	职工薪酬			15 500.00	15 500.00		
560105	其他费用			3 100.00	3 100.00		
560201	办公费			5 373.00	5 373.00		
560202	差旅费			8 000.00	8 000.00		
560203	职工薪酬			47 900.00	47 900.00		
560204	折旧费			2 017.32	2 017.32		
560205	其他费用			9 580.00	9 580.00		
560302	利息支出			134.00	134.00		
损益小计				764 102.90	764 102.90		
合计		6 680 517.58	6 680 517.58	2 315 887.90	2 315 887.90	7 190 023.10	7 190 023.10

(4) 输出本训练生成的个人所得税扣缴申报表文件 xl4.8-gsb.xls，并与表 4-26 进行核对，看结果是否一致。

表 4-26

个人所得税扣缴申报表

人员编号	姓名	所得项目	收入额合计	减费用额	应纳税所得额	税率(%)	速算扣除数	扣缴所得税额
101	王建平	应发工资	8 100.00	3 500.00	4 600.00	20.00	555.00	365.00
102	周洪雷	应发工资	7 800.00	3 500.00	4 300.00	10.00	105.00	325.00
103	钱又多	应发工资	7 800.00	3 500.00	4 300.00	10.00	105.00	325.00
104	刘刚强	应发工资	7 500.00	3 500.00	4 000.00	10.00	105.00	295.00
105	赵丽君	应发工资	8 300.00	3 500.00	4 800.00	20.00	555.00	405.00
106	王清泉	应发工资	8 400.00	3 500.00	4 900.00	20.00	555.00	425.00
207	张丽萍	应发工资	7 800.00	3 500.00	4 300.00	10.00	105.00	325.00
208	李红梅	应发工资	7 700.00	3 500.00	4 200.00	10.00	105.00	315.00
309	杨明华	应发工资	7 600.00	3 500.00	4 100.00	10.00	105.00	305.00
310	尹大华	应发工资	6 900.00	3 500.00	3 400.00	10.00	105.00	235.00
合计		应发工资	77 900.00	35 000.00				3 320.00

(5) 输出本训练生成的固定资产折旧清单文件 xl4.8-zjqd.xls，并与表 4-27 进行核对，看结果是否一致。

表 4-27

固定资产折旧清单

卡片编号	资产编号	资产名称	计提原值	本月折旧	累计折旧	净残值	折旧率
00001	011001	办公楼	1 218 750.00	1 950.00	23 400.00	48 750.00	0.001 6
00002	012001	厂房	1 231 250.00	1 970.00	23 640.00	49 250.00	0.001 6
00003	021001	生产设备	1 683 500.00	16 835.00	202 020.00	67 340.00	0.010 0
00004	022001	计算机	6 600.00	67.32	1 250.70	132.00	0.010 2
00005	023001	货车	126 000.00	1 033.20	12 398.40	2 520.00	0.008 2
合计			4 266 100.00	21 855.52	262 709.10	167 992.00	

(6) 将本训练的账套数据进行备份。备份路径自定。

训练 4.9 期末结账

训练资料

以王建平(101)的身份进行月末处理。

1. 工资系统月末结账

选择清零项目：奖金、代扣税、扣款合计、实发合计。

2. 固定资产月末对账与结账

3. 总账系统月末试算平衡、对账与结账

训练时间

45分钟。

训练指导

1. 结账前注意事项

会计电算化和手工会计处理方式一样，也有结账的过程，并且一般在当前会计期间终了时进行。由于各个系统间存在着数据的衔接，所以结账存在先后顺序，应注意以下事项：

(1) 结账前应检查本会计月工作是否已全部完成，只有在当前会计月所有工作全部完成的前提下，才能进行月末结账，否则会遗漏某些业务。

(2) 月末结账之前一定要进行数据备份，否则数据一旦发生错误，将造成无法挽回的后果。

(3) 只能对当前会计月进行结账，前期上月未结账则本月不能结账。

(4) 月末结账后将不能对当前月进行业务处理。

(5) 有结账权限的人才能进行结账。

2. 会计数据备份与恢复

(1) 备份会计数据。以系统管理员admin(无密码)的身份进入系统管理。执行“账套”|“备份”命令，选择要输出的账套，如想删除账套，则可单击选中“删除当前输出账套”复选框，单击“确认”按钮，经过压缩进程，根据系统的提示，录入备份的目录，单击“确定”按钮。

说明：

- 只有系统管理员才有权限输出账套。在删除账套时，必须关闭所有系统模块。

(2) 恢复会计数据。以系统管理员admin(无密码)的身份进入系统管理。执行“账套”|“恢复”命令，选择要恢复的账套数据备份文件。单击“打开”按钮，确认。系统出现提示对话框，单击“是”按钮。经过一段时间的恢复过程，系统出现提示对话框“[×××]账套引入成功”，单击“确定”按钮。

说明：

- 恢复备份数据会将硬盘中现有的数据覆盖，容易造成错把硬盘上的最新数据变成备份文件中的旧数据，因此如果没有发现数据损坏，一般不用进行数据恢复。

3. 完成结账

(1) 工资系统月末结账。执行“工资”|“业务处理”|“月末处理”命令，进入月末处理向导，选择清零项目。逐步完成月末结账工作。

(2) 固定资产系统月末结账。执行“固定资产”|“处理”|“对账”命令,对账不平衡则返回查找错误并修改。对账平衡后执行“固定资产”|“处理”|“月末结账”命令完成结账工作。

(3) 总账系统结账。

① 试算平衡与对账。执行“总账”|“期末”|“对账”命令,将光标放在要进行对账的月份,单击“选择”按钮。单击“对账”按钮,开始自动对账,并显示对账结果;单击“试算”按钮,可以对各科目类别余额进行试算平衡,确认后返回。单击“退出”按钮,完成对账工作。

② 结账。执行“总账”|“期末”|“结账”命令,选择结账月份,核对账簿。向硬盘或磁盘备份,保存结账前的数据,同时输出月度工作报告。完成结账,若符合结账要求,系统将进行结账,否则不予结账。

说明:

- 本月还有未记账凭证时,则本月不要结账。
- 已结账月份不能再填制凭证。
- 结账必须按月连续进行。
- 如果与其他子系统集成使用,其他子系统未全部结账,则本月不能结账。

训练结果

将本训练的账套数据进行备份。备份路径自定。

训练 4.10 编制财务报表

训练资料

1. 利用报表模板生成报表

在财务报表中生成北京顺达科技有限公司 2017 年 1 月 31 日的资产负债表及 2017 年 1 月利润表(调用小企业会计准则模版)。

2. 编制自定义报表

按照表 4–28 的报表格式创建报表,设置单元取数公式,生成报表数据。

表 4–28

管理费用明细表

单位名称:北京顺达科技有限公司　　2017 年 1 月　　单位:元

项目 部门	办公费	差旅费	职工薪酬	折旧费	其他费用	合计
行政部						
销售部						
合计						

训练时间

90 分钟。

训练指导

1. 应用报表模板

(1) 调用报表模板。直接调用财务报表系统内置的资产负债表或利润表模板。在报表模板中，系统已按标准的账务报表内置了格式、单元属性、公式等。其操作步骤是：执行“格式”|“报表模板”命令，系统弹出“报表模板”对话框；在下拉列表中选择企业所在的行业，选择准备建立的财务报表的名称，单击“确认”按钮，系统弹出提示对话框，单击“确定”按钮，当前格式被自动覆盖。

说明：

- 当前打开的报表套用报表模板以后，原有的内容包括格式和数据都会丢失。

(2) 修改报表模板公式。标准报表与各个单位的具体要求可能会有所不同，如果企业所需的报表格式或公式与标准格式、公式存在差异，还可以对模板的格式和公式加以修改。在定义公式时，可以直接录入单元公式，也可以利用函数向导定义单元公式。其操作步骤是：选定需要定义公式的单元，执行“数据”|“编辑公式”命令，即可录入单元公式。

说明：

- 在录入单元公式时，凡是涉及数学符号的均需录入英文半角字符。

2. 编制自定义报表

(1) 初始设置。

① 执行“文件”|“新建”命令，即可创建新的报表。

② 执行“格式”|“表尺寸”命令，即可设置报表的行数和列数。

说明：

- 设置前应事先根据所要定义的报表大小计算该表所需的行、列，然后再设置。

③ 定义报表的行高(列宽)。选定需要调整的单元所在行，执行“格式”|“行高”(“列宽”)命令，即可设置行高(列宽)。

④ 画表格线。选中报表需要画线的区域，执行“格式”|“区域画线”命令即可。

⑤ 定义组合单元。选择需合并的区域，执行“格式”|“组合单元”命令即可。

⑥ 录入表间项目。表间项目一般是指报表中的文字内容。

说明：

- 在录入报表项目时，编制单位、日期一般不需要录入，可将其设置为关键字。

⑦ 设置单元风格。执行“格式”|“单元属性”命令，可以确定报表的字体、字形、字号和对齐方式等。

⑧ 定义单元属性。新建的报表，所有单元的单元属性均默认为数值型，格式状态下录入的内容均默认为表样单元。因此，需要执行“格式”|“单元属性”命令，定义单元属性。

说明：

- 录入后的字符单元和数值单元只对本表页有效，而录入后的表样单元则对所有的表页有效。

(2) 定义关键字。

① 设置关键字。执行“数据”|“关键字”|“设置”命令，可以根据自己的需要任意设置相应的关键字。

说明：

- 关键字主要有6种：单位名称、单位编号、年、季、月、日。另外还包括一个自定义关键字。

② 调整关键字位置。关键字位置是指关键字在某单元或组合单元中的起始位置。同一个单元或组合单元的关键字定义完毕后，可能会重叠在一起，所以还需要对关键字的位置进行调整。其操作步骤是：执行“数据”|“关键字”|“偏移”命令，在需要调整位置的关键字后面录入偏移量，单击“确定”按钮。

说明：

- 一个关键字在该表中只能定义一次，即同表中不能有重复的关键字。
- 调整关键字的位置必须录入关键字的相对偏移量。偏移量的负数值表示向左移，正数值表示向右移。
- 关键字偏移量表示像素数。

3. 生成报表

(1) 账套初始。账套初始是在编制报表之前指定报表数据来源的账套和会计年度的工作。其操作步骤是：执行“数据”|“账套初始”命令，即可完成账套及时间初始。

说明：

- 账套初始工作既可以在格式状态下进行，也可以在数据状态下进行。
- 第一次账套初始后，如果想更换账套或会计年度，必须重新进行账套初始工作。

(2) 录入关键字。执行“数据”|“关键字”|“录入”命令，即可录入关键字。

说明：

- 每一张表页均对应不同的关键字，输出时表页的关键字会随同单元一起显示。
- 日期关键字可以确认报表数据取数的时间范围，即确定数据生成的具体日期。
- 在录入关键字时系统会提示是否重算表页，在此可以计算表页数据，也可以以后计算。

(3) 编制报表。执行“数据”|“表页重算”命令，系统会自动在初始的账套和会计年度范围内根据单元公式计算生成数据。

训练结果

(1) 输出本训练生成的资产负债表文件 xl4.10-zcb.xls，并与表 4-29 进行核对，看结果是否一致。

表 4-29

资产负债表

会小企 01 表

编制单位：北京顺达科技有限公司　　2017 年 01 月 31 日　　单位：元

资产	期末余额	年初余额	负债和所有者权益（或股东权益）	期末余额	年初余额
流动资产：			流动负债：		
货币资金	1 701 856.58	1 594 563.58	短期借款	30 000.00	30 000.00
短期投资			应付票据		
应收票据			应付账款	240 084.00	209 664.00
应收账款	652 604.00	213 854.00	预收款项		
预付款项			应付职工薪酬	93 480.00	
应收利息			应交税费	32 130.00	
应收股利			应付利息		
其他应收款	4 000.00	12 000.00	应付利润		
存货	359 739.62	594 000.00	其他应付款		
其中：原材料	270 800.00	304 000.00	其他流动负债		
在产品			流动负债合计	395 694.00	239 664.00
库存商品	88 939.62	290 000.00	非流动负债：		
周转材料			长期借款		
其他流动资产			长期应付款		
流动资产合计	2 718 200.20	2 414 417.58	递延收益		
非流动资产：			其他非流动负债		
长期债券投资			非流动负债合计		

续表

资产	期末余额	年初余额	负债和所有者权益（或股东权益）	期末余额	年初余额
长期股权投资			负债合计	395 694.00	239 664.00
固定资产原价	4 426 100.00	4 266 100.00			
减：累计折旧	262 709.10	240 853.58			
固定资产账面价值	4 163 390.90	4 025 246.42			
在建工程					
工程物资					
固定资产清理					
生产性生物资产			所有者权益(或股东权益)：		
无形资产			实收资本（或股本）	6 300 000.00	6 000 000.00
开发支出			资本公积	200 000.00	200 000.00
长期待摊费用			盈余公积		
其他非流动资产			未分配利润	–14 102.90	
非流动资产合计	4 163 390.90	4 025 246.42	所有者权益合计	6 485 897.10	6 200 000.00
资产总计	6 881 591.10	6 439 664.00	负债和所有者权益总计	6 881 591.10	6 439 664.00

（2）输出本训练生成的利润表文件xl4.10–lnb.xls，并与表4–30进行核对，看结果是否一致。

表 4–30

利　润　表

会小企 02 表

编制单位：北京顺达科技有限公司　　　　2017 年 1 月　　　　单位：元

项目	本期累计金额	本月金额
一、营业收入	375 000.00	375 000.00
减：营业成本	296 465.38	296 465.38
税金及附加		
其中：消费税		
城市维护建设税		
资源税		
土地增值税		
城镇土地使用税、房产税、车船税、印花税		
教育费附加、环境保护税		
销售费用	19 633.20	19 633.20
其中：商品维修费		

续表

项目	本期累计金额	本月金额
广告费和业务宣传费		
管理费用	72 870.32	72 870.32
其中：开办费		
业务招待费		
研究费用		
财务费用	134.00	134.00
其中：利息费用（收入以“—”号填列）	134.00	134.00
加：投资收益（损失以“—”号填列）		
二、营业利润（亏损以“—”号填列）	−14 102.90	−14 102.90
加：营业外收入		
其中：政府补助		
减：营业外支出		
其中：坏账损失		
无法收回的长期债券投资损失		
无法收回的长期股权投资损失		
自然灾害等不可抗力因素造成的损失		
税收滞纳金		
三、利润总额（亏损以“—”号填列）	−14 102.90	−14 102.90
减：所得税费用		
四、净利润（亏损以“—”号填列）	−14 102.90	−14 102.90

(3) 输出本训练编制的管理费用明细表文件 xl4.10–glfgb.xls，并与表 4–31 进行核对，看结果是否一致。

表 4–31

管理费用明细表

单位名称：北京顺达科技有限公司　　2017 年 1 月　　单位：元

项目 部门	办公费	差旅费	职工薪酬	折旧费	其他费用	合计
行政部	5 373.00		47 900.00	2 017.32		55 290.32
销售部		8 000.00				8 000.00
合计	5 373.00	8 000.00	47 900.00	2 017.32		63 290.32

(4) 将本训练的账套数据进行备份。备份路径自定。

“十二五”职业教育国家规划立项教材书目

书号	书名	主编	定价
978-7-04-045979-1	会计基本技能	关　红	19.90
978-7-04-046519-8	会计基本技能强化训练	关　红	15.00
978-7-04-046425-2	会计基础	杜怡萍	27.20
978-7-04-047522-7	会计基础学习指导与练习	杜怡萍	21.20
978-7-04-048723-7	出纳实务	刘　健	26.10
978-7-04-	出纳实务同步训练	刘　健	
978-7-04-049443-3	企业会计实务	徐　俊	43.00
978-7-04-050980-9	企业会计实务学习指导与练习	梁健秋	28.90
978-7-04-046388-0	税费计算与缴纳	陈　琰	21.50
978-7-04-047379-3	税费计算与缴纳同步训练	陈　琰	14.90
978-7-04-049324-5	纳税实务（第四版）	乔梦虎	49.40
978-7-04-047022-2	会计电算化（畅捷通 T3 版）	韩　林	28.90
978-7-04-047908-9	会计电算化同步训练（畅捷通 T3 版）	韩　林	18.80
978-7-04-046480-1	会计实务操作	朱玲娇	31.70
978-7-04-046721-5	成本业务核算	詹朝阳	26.80
978-7-04-048235-5	成本业务核算同步训练	詹朝阳	32.30
978-7-04-	统计信息整理与应用	张寒明	
978-7-04-	统计信息整理与应用同步训练	张寒明	
978-7-04-048691-9	收银实务（第三版）	于家臻	21.30
978-7-04-	收银实务同步训练	于家臻	
978-7-04-046754-3	财经法规与会计职业道德	韩　菲	27.00
978-7-04-048287-4	财经法规与会计职业道德学习指导与练习	余　琼、韩　菲	18.30
978-7-04-048159-4	财经应用文写作	柳胜辉	25.50
978-7-04-	财经应用文写作同步训练	柳胜辉、何　茹	
978-7-04-050145-2	财经文员实务	林　晓	28.60
978-7-04-	出纳业务信息化处理	张立波	
978-7-04-046722-2	会计电算化（畅捷通 T3 版）	曹小红	26.00
978-7-04-047692-7	会计电算化上机指导（畅捷通 T3 版）	曹小红	17.80
978-7-04-049106-7	涉税业务信息化处理	马　明	29.10
978-7-04-046729-1	会计实务信息化操作	曾红卫	33.40
978-7-04-047239-4	成本核算信息化处理	张建强	29.90

郑重声明

学习卡账号使用说明

一、注册/登录

访问http: //abook.hep.com.cn/sve，点击“注册”，在注册页面输入用户名、密码及常用的邮箱进行注册。已注册的用户直接输入用户名和密码登录即可进入“我的课程”页面。

二、课程绑定

点击“我的课程”页面右上方“绑定课程”，正确输入教材封底防伪标签上的20位密码，点击“确定”完成课程绑定。

三、访问课程

在“正在学习”列表中选择已绑定的课程，点击“进入课程”即可浏览或下载与本书配套的课程资源。刚绑定的课程请在“申请学习”列表中选择相应课程并点击“进入课程”。

如有账号问题，请发邮件至：4a_admin_zz@pub.hep.cn。